다른 과거를 위하여

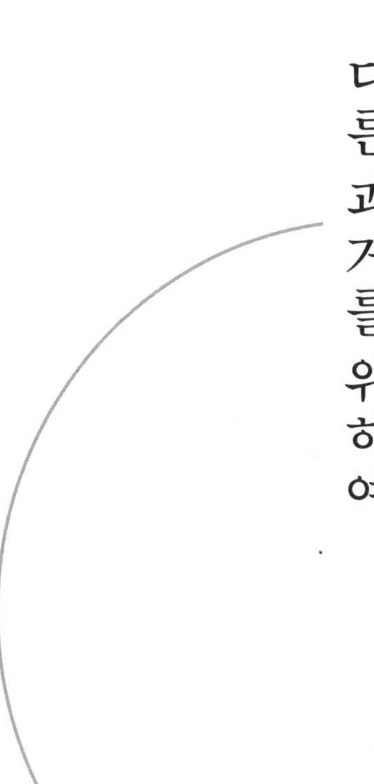

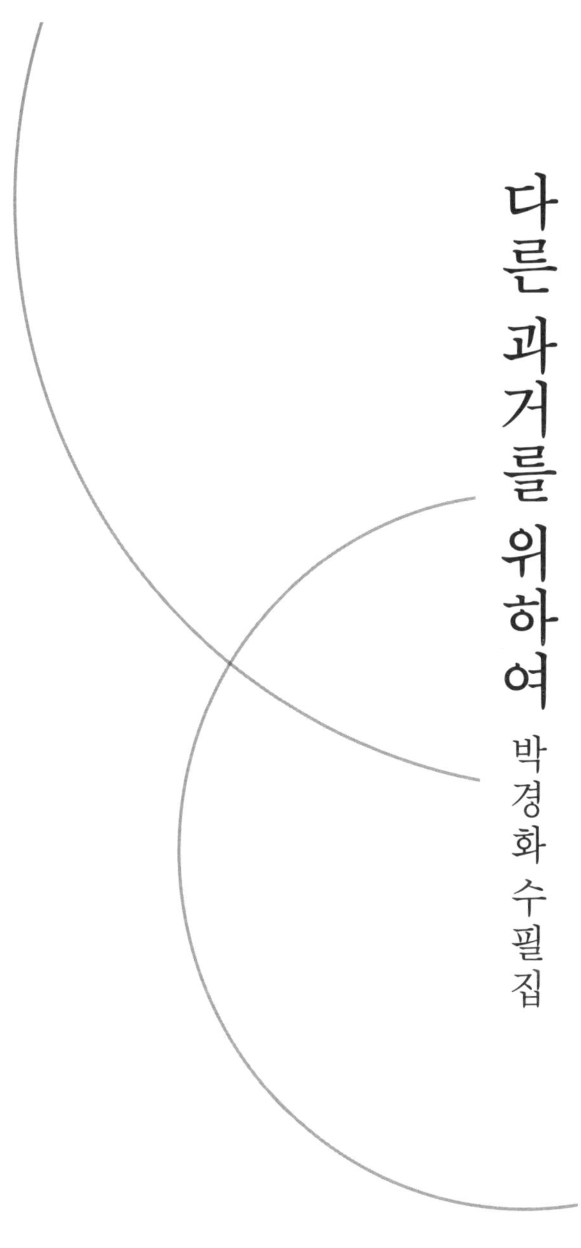

다른 과거를 위하여

박경화 수필집

교음사

미래의 시간 속에는
현재의 시간과 과거의 시간이 스며있고,
미래의 시간은 상실한 시간 속에 들어있다.

Time present and time past
Are both perhaps present in time future
And time future contained in time past.

T. S. 엘리엇『네 사중주』

서문

소중한 인연들에 감사하며

박경화

그동안 입버릇처럼 '내게 남은 시간이 얼마 없는 것 같아서'를 되풀이 하다 40여 편의 글을 모았다. 내 인생을 가로지르는 상처와 원망들 아픔들을 풀어놓다보니 눈물바람 곳곳에 생채기들이 편하지 않다. 호스피스 관련 글들은 결국은 내 이야기지만 환자나 보호자 이야기가 들어있어 뺐다. 약간의 각색이면 어떤 환자 이야기를 하는지 모를 수 있지만 그렇게 하고 싶지 않았다. 어느 아름다운 봄날에 내 발코니 정원에 핀 흰 치자꽃을 자랑하려고 쓴 〈치자꽃 당신〉은 무대에 올라갈 때 머리에 흰 치자꽃을 꽂았던 빌리 홀리데이를 소환하는 바람에 그녀가 늘 울면서 불렀다는 〈이상한 열매〉(Strange Fruit)를 번역하다가 그 고통과 슬픔을 감당할 수 없어 그 꼭지도 뺐다. 남편은 본문이 마음 아프니까 서문은 좀 다르게 쓰는 게 좋을 것 같다 했지만 다르게 쓰는 것이 쉽지 않아 몇 번 고쳐 쓰다가 결국 그 조언을 듣지 않기로 했다. 직관형이 하는 조언은 치명적 감각형에게 그 동안도 그다지 통했던 게 아니어서 많이 서운해 할 것 같진 않다. 수필이다 보니 내 이야기들이라 마음은 가치 있는 경험, 지난 삶에 대한 관조, 성찰이고 싶었지만 성찰보다는 부들부들 떨며 쓴 글들이 많다. 더 들여다봤다가는 다 빼고 책이 될 것 같지 않아 그냥 정디자인에 파일을 보냈다. 불편한 내용들이 정병규 대표의 좋은 디자인으로 커버되었으면 좋겠다. 수학을 싫어하는 바람에 고려대학에 가서 좋은 사람을 많이 만나 다행이다. 내 '동이감'을 기억하신다고 말씀해주시고 돌아가시기 얼마 전에는 전화하셔서 "맛있는 거 사줄게. 한 번 나와" 하시던 수필문학 강석호 회장님 그리고 오늘 수필가로서의 내가 있게 해주신 오경자 교수님, 격려해준 가족, 친구들, 한 편 한 편 같이 읽고 걸핏하면 눈물바람 하는 나를 다독여 준 수필팀 동료 작가들께 감사한다. 특별히 수필문학사의 강병욱 대표님, 내 느린 손을 기다려주시고 편치 않은 내용을 아름다운 책으로 만들어주신 정병규 디자인과 고경빈 선생님께 무한한 감사를 드린다.

2019년 6월

다른 과거를 위하여

1부 · 그리움 또는 애도

2부 · 그래도 감사

다른 과거를 위하여

1부 · 그리움 또는 애도

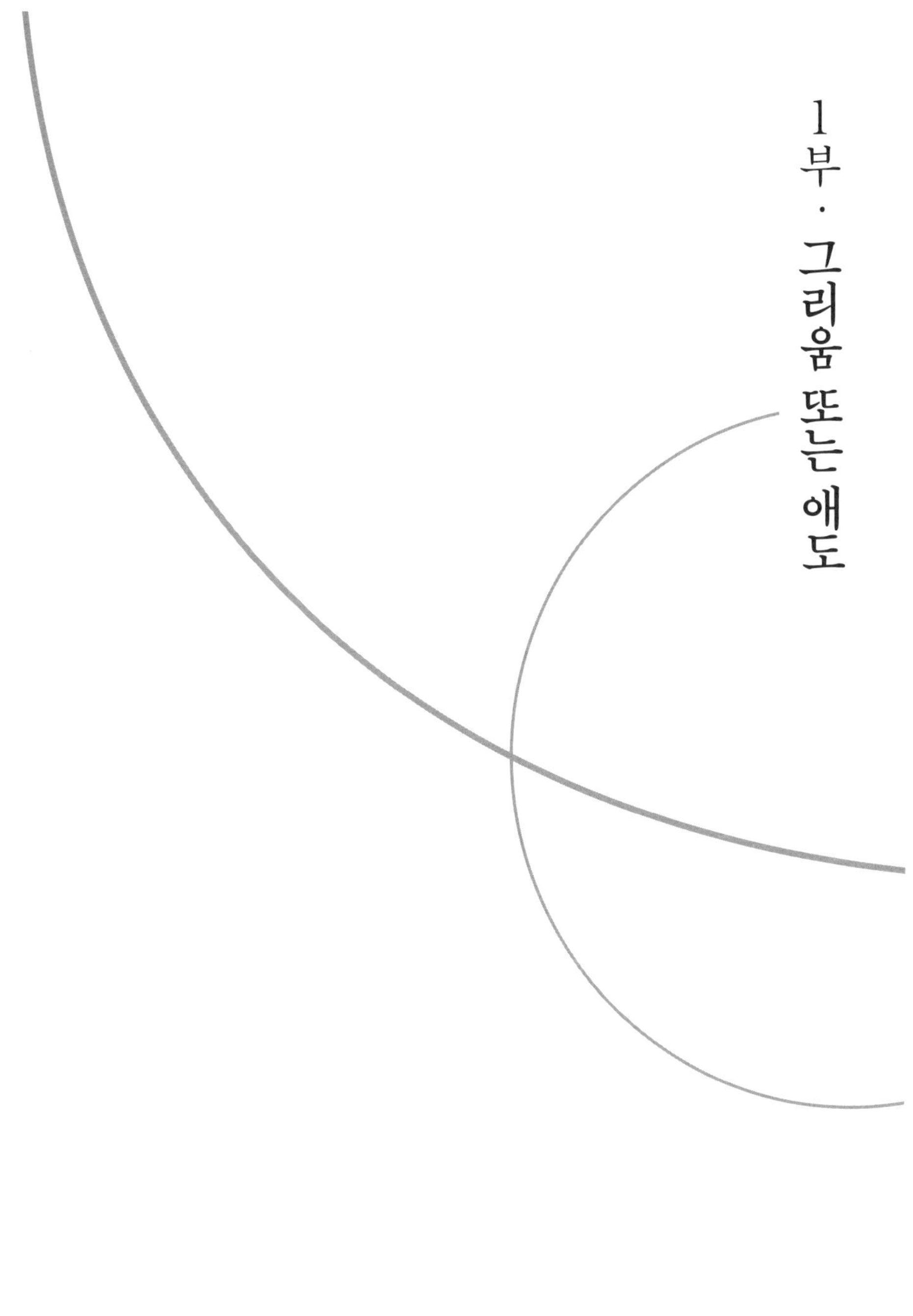

거울 꽃
鏡花

"꽃 화(花)자는 기생이름에나 쓰는 건데." 결혼한 지 얼마 되지 않아 어머님께서 하신 말씀이다. 이상한 내 손금도 못마땅해 하셨다. 지금 생각하면, 어머님은 이상한 손금이나 꽃 화가 들어간 기생이름(어머님 생각에)이 못마땅하셨던 게 아니라, 친정어머니가 없는 며느리가 마음에 안 드셨던 건데, 그 당시 나는 '내 이름이 그럴 리 없는데' 하면서도 이름을 지어주신 할아버지를 조금은 원망했던 것 같다.

사랑채에는 아침나절이면 늘 할아버지 친구 분들이 오셨다. 보통 서너 분이 오시곤 했는데, 낮은 목소리로 담소를 나누시기도 하고, 한참 조용하다가 더러는 유쾌하게 웃으시기도 했다. 그 할아버지들이 대문으로 들어서거나 나가실 때 보았던 흰 모시 두

루마기는 참 특별해 보였다. 그렇게 눈부신 많은 흰 색을 그 후에 본 적이 없다. 내 기억 속의 우리 집이 겨울보다 여름이 많은 건 그 때문인지도 모른다.

모시 적삼을 입은 어머니가 부엌과 사랑을 오가며 조심스레 시중을 드시던 모습이 기억난다. 할아버지의 사랑에 '구성 노인'이 오시는 날은 식사를 나르는 어머니 발걸음이 더 빨라지시고 더 조심스러우셨다. 친구 분들 중에서도 특별히 공부가 높은 분이라 할아버지께서 극진히 대하시는 것 같았다. 그 분은 할아버지께서 사고로 다치신 다음, 사랑에 더 이상 손님들이 오시지 않을 때도 두어 번 다녀가셨다.

아침에 일어나면 사랑에 가서 할아버지께 천자문을 배웠다. 그때 나는 종일 하는 일이 아침에 한문 공부를 하고, 낮에는 사랑에 오시는 할아버지들 근처에서 놀다가, 저녁 먹기 전에 철길을 넘어가서 긴 담장 밖 가게에서 알사탕 한 개를 사오는 게 다였다. 아침나절에 사랑채 마루에 얌전히 꿇어앉아 할아버지들이 돌아가며 시인지 시조인지를 읊으시는 나직한 소리를 듣곤 했는데 그게 왜 재미있었는지 지금 생각하면 이상하다. 어린 시절 기억 속에는 아버지나 어머니보다 할아버지, 할머니가 더 많다. 낮 동안에는 할아버지가 계신 사랑 근처에서 할아버지들의 동정을 살피며 시간을 보냈고, 밤에는 할머니께서 해주시는 '숙낭자' 얘기, '벼르덕이' 얘기 한 두 자루를 들으며 잠이 들었기 때문일 것이다.

할아버지께서 삼촌 집에 다녀오실 때는 서면에서 주례 우리 집까지 걸어서 오시는데, 모시 두루마기가 뒤로 날려서 한 번도 내려오지 않고 집까지 오신다고 했다. 아버지는 어린 내게 할아버지께서 축지법을 써서 집까지 단숨에 오신다고 했다.

어딜 다녀오시는 날은 내게 주실 과자를 사러 덕수 아저씨 담배가게에 들르셨는데, 신작로 건너편에 있는 가게에 가시려면 큰길을 가로질러 가셔야 했다. 언젠가 길을 건너시다 차에 치어, 사상 좀 못 가 있던 '인갑의원'에 실려 가셨던 날, 혼이 나간 어머니가 뛰쳐나가시다 말고 다시 들어오셔서 대여섯 살은 되었을 나를 데리고 병원으로 달려가셨다. 할아버지는 머리에서도 얼굴에서도 피가 많이 나고 있었다.

"아버님, 경화 왔습니다." 돌아가셨는지 움직이지 않는 피투성이 할아버지가 무서워 가까이 가지 않으려고 버둥대는 나를 할아버지 가슴에 갖다 안기시며 어머니가 큰 소리로 울었다. 나는 어머니가 그렇게 큰 소리로 우시는 걸 그때 처음 봤다. 그 다음 날인가 할아버지를 다시 뵈었을 때는 얼굴에 피 대신 검푸른 멍이 들어 있었지만 그래도 피투성이로 누워 계실 때보다는 덜 무서워서 손도 잡아드리고 숟가락으로 입에 물도 떠 넣어 드렸다. 할아버지께서는 사고 후에 몇 년을 더 사셨다.

내 이름에 대해 할아버지 말씀을 직접 들었던 적은 없었던 것 같다. 다만 '鏡花'가 '극락에 피어있는 거울 꽃'이라 하시던 아버지 말씀이 어렴풋이 기억난다. 〈내 이름을 말한다〉라는 주제로 원고를 청탁받았을 때 어떻게든 이름을 풀어보려고, '극락에 있는 꽃'이라 하셨으니 극락과 관련된 자료를 찾다가 청화(淸華)스님이 번역하신 『정토삼부경』(淨土三部經)[1]을 열었다. 스님의 유려한 번역 덕에 '무량수경'(無量壽經), '관무량수경'(觀無量壽經), '아미타경'(阿彌陀經)이 공부 없는 내게도 술술 읽히긴 하였으나 극락의 수많은 보석 꽃 중에 거울로 만든 꽃을 찾을 수 없었다. 할아버지께서 내게 주신 이름의 근거를 찾기엔 내 공부가 없어도 너무 없음을 탓할 수밖에 없는 일이다.

불교에서는 거울은 '마음'이고 꽃은 '깨달음'이라고 한다. 거울이 흐리면 꽃이 보이지 않으니 항상 마음의 거울을 깨끗이 닦아 마음속의 꽃이 잘 비칠 수 있도록 살라는 것이 할아버지 뜻이라는 생각이 든다. 삶의 끝자락에서 이제야 내 마음 거울을 맑게 닦아, 마음속 진여(眞如)[2]의 꽃을 아름답게 가꿔야 한다는 할아버지의 뜻을 헤아리게 된 것 같다.

— 2016년 6월

1. 『정토삼부경』은 불교의 많은 가르침 중에서도 일체중생을 구제하려는 부처님의 거룩한 서원(誓願)과 부사의한 공덕으로 장엄된 이상향(理想鄕), 곧, 극락세계를 너무도 생생하고 인상적으로 밝히신 경전으로 '무량수경' '관무량수경' '아미타경'이 있다.
2. 진여(眞如): 산스크리트어 tathatā. 참되고 한결같은 사람의 본성.

어바웃 타임[3]

호스피스에 필요할 것 같아 미술치료사 과정을 시작한지 얼마 되지 않은 어느 날, 강사는 점토로 생각나는 걸 만들어보라고 했다. 한참 동안 점토를 주무르다가 내가 만든 건 오랫동안 잊고 있었던 고향 집 변소의 변기였다.

어릴 적엔 변소가 집 밖에 있었다. 문 밖으로 나가 울타리를 끼고 왼 쪽으로 돌아가서 돌로 된 계단 두 개를 올라가면 진짜 넓은 변소가 나온다. 아버지는 그 넓은 구덩이 위에 마루처럼 나무

3. 〈어바웃 타임〉(About Time)은 리처드 커티스 감독이 만든 시간 여행이 가능한 가족에 관한 영화이다. 주인공 팀은 암 선고를 받은 아버지에게 집안의 남자들이 시간을 되돌릴 수 있는 능력이 있어서 과거의 원하는 시간으로 돌아갈 수 있다는 이야기를 듣게 되고, 과거로 돌아간 젊은 아버지와 어린 아들이 오래전 물수제비를 뜨며 놀았던 물가로 가는 장면이 나온다.

를 깔고 가운데 구멍이 있는 곳은 상자를 만들어 앉혔는데, 위를 하트 모양으로 깎아낸 다음 사포로 문질러 엉덩이가 긁히지 않게 하고 은색 칠을 해주셨다. 내가 만든 건 바로 위가 하트로 뚫린 상자 변기였다. 나는 잊었는데 내 손은 잊지 않고 있었다. 점토는 멀리도 가서 어릴 때 아버지께서 만들어주신 은색 칠을 한 상자 변기를 찾아다 내 손에 쥐어주었다.
어린 내가 혼자 용변을 볼 수 있는 나이가 되었을 때, 아래가 보이는 변소를 무서워하자, 아버지께서 여러 날 걸려 대청마루처럼 나무를 깔고 상자 변기를 만들어, 그 위에 앉아서 용변을 볼 수 있게 해주셨다. 최초의 양변기였다고 할까.
아버지는 퇴근하시면 늘 무슨 일인가를 하셨다. 한 겹인 창을 데마도[4]라고 하셨는지 뭐 그런 이름의 마당 쪽으로 튀어나온 이중창으로 바꾸시기도 하고, 마루에 깔린 넓은 나무가 낡아 내가 뛰다가 널빤지와 함께 마루 밑으로 빠지면서 다리를 다치자 좁고 매끈한 나무로 새 마루를 깔아주시기도 했다. 작업을 하시며 어린 내게 그 나무가 "투 바이 포"라고 하시거나 "강송은 갈라져서 미송을 써야 한다"고 하신 것 같다. 그 반대였는지도 모르겠다. 그 말들이 무슨 뜻인지 몰랐지만 그런 '전문적인 용어'들을 쓰면서 설명해주시는 게 참 좋았다. 아버지께서 "투 바이 포" 하시면

4. 일본말로 데마도(出窓). 우리말로 퇴창(退窓). 건물 밖으로 튀어나온 창.

내가 따라서 "투 바이 포", 아버지께서 "강송" 하시면 내가 "강송", 그렇게 복창을 하는 것도 재미있었다. 내가 기억하는 서른이 갓 넘은 아버지와 대여섯 살 난 내가 나눈 대화이다.

요강을 싫어하는 내가 밤에 화장실을 가야 할 때는 아버지께서 남포(램프) 불을 변소 앞에 놓아 주시고 변소 밖에서 북극성이며 길 잃은 나그네 이야기도 해주시면서 기다리셨다. 울타리 나무가 무슨 나무였는지 생각나지 않지만 변소에서 돌아올 때 울타리를 흔들어대는 바람 소리에 등골이 오싹오싹했다. 그건 밤이 내는 소리였는지도 몰랐다. 그때 팔을 뻗어 키 큰 아버지 손을 잡으면 마음이 놓였다.

어머니께서 내가 중학생이 되었을 때 쯤 아래 채 복도 끝에 샤워도 할 수 있는 화장실을 넣어 주실 때까지 밤에 화장실을 갈 때는 부모님 중 누군가는 꼭 같이 가서 암호 같은 대화를 한참 동안 나누었다.

수십 년 동안 단 한 번도 생각나지 않았던, 고향집의 변소마루에 놓인 상자변기라니, 이제 오랜 세월 외면해 온 내 안의 아버지 기억들이 자기자리를 찾아 온 건가? 그립고 아픈 마음에 며칠을 울고 다니면서, 집을 비우는 동안 식구들이 먹을 음식을 냉장고에 채워 놓고 부산 행 기차를 탔다. 대학 시절, 학기말 시험이 끝나는 날이면 서둘러 부산행 기차를 탔던 그 때와는 사뭇 다른 느낌이었다. 그때는 그 길이 집으로 가는 길이었으니까.

식사를 거부하신다는 92세의 아버지는, 내가 종류대로 가져간 말기 암 환자들을 위한 식사대용 미음들을 한 개 씩 입술에 적셔 드렸더니, 그 중 한 가지 미음을 맛보시고는 한 캔을 단숨에 드셨다. 내가 만류하는데도 그녀는 옆에서 큰 소리로 누군지 아시겠냐며 세 번, 네 번 묻는다. 겨우 "큰 딸"이라고 말씀하시는 낯설고 가여운 아버지의 손을 잡고 있다가, 미음 중에 고개를 끄덕이시던 그 맛으로 사서 보내겠다고 하고 아버지가 계신 아파트를 나섰다. 내 딸, 서영이가 그 미음을 일 년 가까이 보내드리다가 그만 보내라고 해서 더 보내지 않았다.

한 시간이 채 걸리지 않은 아버지와의 만남은 호스피스로서 만나는 말기 암 환자 방문보다 더 어색하고 슬펐다. 문을 나서면서 아버지께서 혼자 계셔야 할 텐데 택시를 타겠다고 만류하는데도, 아가야엄마였던 그녀는 교회 갈 때도 소파에 앉혀 두고 다닌다며 전철역까지 태워다주었다. 망설이다가, 아버지 혼자 두고 교회 일로 집을 자주 비우면, 요양보호사도 신청하고 상주하는 간병인도 두는 게 좋지 않겠냐고 말했다.

남편이 아버지 옆에서 하룻밤 자고 오라고 했는데 한 시간 만에 나오고 말았다. 아무래도 친구네 가게에 가 있다 저녁때나 올라가야겠다고 생각하고 서면에서 내렸다.

반지나 목걸이를 맡기면 친구는 금속 조각들을 점토인 양 주물러서 결혼할 때 6 사이즈였던 반지를 키워 굵어진 내 손가락에 맞게 만들어준다. 결혼반지의 보석은 메달에 넣어 목걸이로 만들고 반지에는 조금 큰 알을 넣어 업그레이드 해준다. 다른 것도 그렇게 바꿀 수 있다면 많은 것이 달라질 수 있었을까? 또 부질없는 생각이다.

친구는 내 기억들을 상당부분 공유하고 있지만 많이 묻지 않는다. 우리가 여고생이던 그 시절, 어머니는 어른스러운 친구를 좋아하셨고, 집이 일광인 친구가 기차를 놓친 날 우리 집에 오면, 부엌에 들어가 어머니 옆에서 식사준비를 거들기도 했다. 같이 늦은 점심을 먹고, 우리는 늘 하는 것처럼, 회상 속, 우리보다 어린 우리 어머니와 친구네 큰 오빠를 마치 어제 만났던 사람들인 양 다시 만난다. 고 3 때인가, 막내인 친구에게 아버지 같았던 잘생긴 큰 오빠가 술 마시고 전차에 치어 병원에 입원했을 때, 문병 가신 우리 어머니가 "바보 같은 짓을 하면 '전차에 치었다'고 하는데, 정말 전차에 치인 사람은 처음 본다"고 하셨던 이야기를 하며 우리는 눈물이 날 때까지 웃었다. 그때 어머니는 사십대 후반도 되지 않았다.

저녁 기차를 타러 나서는데 친구가 가방을 들고 따라 나온다. 몇 년 전 생신에 오지 말라고 할 때까지 남편과 아버지 생신에 와서 아버지께서 좋아하시는 곳에서 식사를 하곤 했는데, 그때 왔다가는 길에 들렀을 때처럼 역까지 배웅 나오면 헤어질 때 또 울 것 같아 친구를 문 안으로 밀어 넣고 돌아섰다. — 2015년 8월

가을앓이

딱 이맘 때, 더위가 가시고 기온이 서늘해지면 짧은 소매 아래로 양팔에 두드러기가 났다. 내 기억으로 대여섯 살도 되기 전부터 그랬던 것 같다. 날이 조금만 쌀쌀하거나 궂으면 두드러기가 나서 가려운대로 긁어, 피가 나면 엉엉 울곤 했다. 오늘처럼 비가 오는 날은 더 했다. 그 기분 나쁘게 스멀거리는 참을 수 없는 가려움이라니, 지금 생각해도 징그럽고 싫다. 저녁이 좀 지나 밤이 되면 배도 아프기 시작했다. 아파서 뒹굴다 아버지가 한참 동안 업어주셔야 잠이 들었다. 할머니는 두드러기가 속으로 들어가서 그런 거라고 하셨다.

그 후에도 한참동안 가을이 올 때는 징그러운 두드러기와 배앓이가 계속 되었다. 회사가 끝나고 시계처럼 들어오시던 아버지께서 저녁을 드시고 잠시 쉴 때쯤 어김없이 배가 아팠다. 그럴 때면, 아버지께서 누웠다 앉았다 난리치며 뒹구는 나를 업고 두어 시간을 왔다 갔다 해주셔야 잠이 들었다. 꼭 아버지가 업어주셔야 잤다. 램프 불에 비친 키 큰 아버지 그림자가 벽에 가득 찼다 스러졌다 어지러울 때 쯤 거짓말처럼 배앓이가 나았다. 나는 아침까지 편히 잘 수 있었다.

초등학교에 다니는 내내 아침 일찍 아버지가 출근하시는 시간에 학교에 갔다. 뭘 잘 먹지 않는 키 작은 약골인 어린 딸에게 어머니는 아버지 상을 차리시며 작은 놋주발에 담은 밥 한 숟가락을 마주 올려주셨다. 그렇게 나는 새벽같이 일어나 아버지와 겸상해서 아침을 먹고 아버지와 같이 집을 나섰다. 철길을 건너 신작로까지 내려가서 아버지는 시내 쪽으로 가시고 나는 학교 쪽으로 난 다리를 건너갔다. 너무 일러서 학교 길에는 늘 아무도 없었다. 혼자 가는 길이 무서울 때도 있었지만 나는 아버지와 같이 밥을 먹고 같이 집을 나서는 게 좋아서 매일 아침 일찍 일어났다.

초등학교에 들어가기 전부터 아버지와 내가 같이 하던 일이 하나 있었는데 바로 램프유리를 닦는 일이었다. 아버지는 늘 부엌 밖 대밭에서 대나무 가지를 잘라다 '지리가미'(휴지)를 돌돌 감아서 볼록한 램프유리의 안쪽에 검게 그을린 그을음을 닦곤 하셨는데, 어느 날 옆에 쪼그리고 앉아 아버지가 하는 작업을 열심히 관찰하고 있는 내게 아버지께서 물어보셨다. 손이 작아서 램프유리 속에 들어갈 수 있을 것 같다고 하시며 그을음을 닦아보겠냐고 하셨던 것 같다. 팔부터 걷는 내게 아버지는 램프유리 닦는 일을 시켜주셨다.
램프유리의 윗부분은 트인 동그라미가 작았지만, 아래 쪽 램프의 심지 둘레에 놓이는 동그라미는 조금 커서 내 손이 들어갔다. 아버지께서 유리를 붙들어주시면 내가 소매를 말아 올리고 지리가미 쥔 손을 유리 속에 오므려 넣어 램프유리의 안쪽에 묻은 그을음을 살살 닦아냈다. 내가 아버지와 처음으로 같이 한 공동 작업이었다. 아버지는 가끔 유리를 비눗물에 씻기도 하셨는데 미끄러워서 조심해야 한다고 하셨다.
어느 날 아버지가 안 계신 낮 동안에 램프유리를 벗겨서, 아버지께서 유리를 잡아주면 내가 했던 것처럼 한손으로 유리 위 쪽 좁은 데를 잡은 다음 램프유리 속에 손을 넣어 지리가미로 그을음을 살살 닦아서 조심조심 다시 램프에 올려놓았다. 퇴근하신 아버지께서 저녁을 드신 다음, 알아보시나 조마조마 기다리는 나를 부르셨다. 오늘 착한 일을 했지만, 램프유리를 닦다가 떨어뜨리면 유리도 깨지지만 깨진 유리조각에 손을 다치면 피가 많이 나서 큰일 난다고 하시며 다시는 혼자서 램프를 만지면 안 된다고 하셨다.
그 후로는 아버지와 램프유리를 닦은 기억이 없다. 가을의 냉기에 두드러기가 난 기억도, 밤이면 배가 아파서 울다가 아버지 등에 업혀서 잠이 들던 기억도 없다. 하지만 키 큰 아버지의 넓은 등이 배가 아플 때마다 내 차지였던 어린 시절에는 인생이 참 편안하고 세상 쉬웠던 것 같기는 하다.

가을비가 추적추적 종일 내린다. 오래전부터 나는 날이 궂거나 기온이 갑자기 내려가도 두드러기가 나지 않는다. 환절기만 되면 되풀이되던, 도무지 이유를 알 수 없는 배앓이도 하지 않은지 오래다. 그리고 지금은 호랑이 아버지의 넓은 등이 더 이상 필요하지 않다. 그래도 오늘 가을비 내리는 소리에, 어린 내가 잠들 때까지 업어주시던 키 큰 아버지의 세상에서 가장 편안하던 넓은 등이 기억나서 참 다행이다.

— 2017년

기억들, 다른 과거를 위하여

우리는 가지 않은 길에 대해서 오래 명상하고 그리워한다. 인생의 어느 지점에서 내가 했어야 했던 선택들, 했으면 좋았을 일들로 인해 어쩌면 평생 후회할지도 모른다.

세상에서 가장 슬픈 말이 "그랬더라면 좋았을 것을!"(John Greenleaf Whittier, 1807~1892)이라고 한다. 교양영어를 가르칠 때 시 두 편을 읽었다. 「가지 않은 길」(The Road Not Taken)과 「눈 내리는 저녁 숲가에 서서」(Stopping by Woods on a Snowy Evening)인데 번역하지 않고 그냥 소리 내어 여러 번 같이 읽었다. 읽은 후에 학생들에게 한 부분을 외어 보라고 했더니 거의 같은 부분을 외었다. 무슨 뜻인지 알겠다고 했다. 나도 학생들이 뽑은 그 부분 때문에 사람들이 이 시를 좋아하는 거라 생각한다.

The woods are lovely, dark, and deep
But I have promises to keep,
And miles to go before I sleep,
And miles to go before I sleep.

숲은 아름답고 어둡고 깊지만
내겐 지켜야 할 약속들이 있어서
잠들기 전에 가야 할 길이 남아 있네
잠들기 전에 가야 할 길이 남아 있네

나는 시를 좋아한다. 시를 외는 것도 좋아해서 여고시절엔 시집을 책가방 속에 넣고 다니면서 마음에 남는 시들을 외곤 했다. 그 시절에 내가 좋아했던 시는 프로스트(Robert Frost, 1874~1963)의 「가지 않은 길」과 저자를 휘티어로 기억하는 「내 짝이었던 소녀」였다. 「내 짝이었던 소녀」는 감상적이었지만 예쁜 시였다. 장왕록의 번역으로 읽었던 것 같은데 확실치 않다. 내가 기억하는 시를 그가 어느 시기에 썼는지라도 알고 싶었는데, 인터넷을 뒤졌지만 그 시를 찾지 못했다. 내 짐작에 그가 이런저런 정치적인 이슈들에 관여하다 낙향했을 때 여동생이 죽고 나서 쓴 시가 아닌가 짐작하는 정도다. 가슴 먹먹한 이별 이야기가 왜 좋았을까? 한 번도 사랑하는 사람과 이별해 본 적이 없어서 가슴 아픈 이별이 아름답게 여겨졌던 걸까?

「가지 않은 길」은 아버지께서 원하시는 대학이 아닌 다른 대학을 선택하는 일이 어려웠던 내게 많은 생각을 하게 했던 시여서 여고시절 내내 마음에 담고 있었던 것도 같다.

Two roads diverged in a wood, and I-
I took the one less travelled by,
And that has made all the difference.
숲속에 두 갈래 길이 나 있었다. 그래서 나는-
나는 사람들이 덜 다닌 길을 택했고
그것으로 인해 모든 것이 달라졌다.

그 시절 기억 속의 상당 부분이 유치환(1908~1967) 교장선생님의 기억들과 연결 된다. 친구들과 교장실 밖 화단에 서 있던 키 큰 태산목 나무에서 떨어진 꽃잎을 줍곤 했는데, 한참을 떠들고 있으면 청마 선생님께서 나오셔서 같이 꽃잎도 모아 주시고 당신 시집, 『미루나무와 남풍』(1964)[5]에 '朴鏡花孃 靑馬'라고 써서 선물로 주시기도 하셨다.
내가 외우는 시 「파도야 어쩌란 말이냐」가 정확한지 자신이 없

5. 유치환(1964) 『미루나무와 남풍』, 平和社.

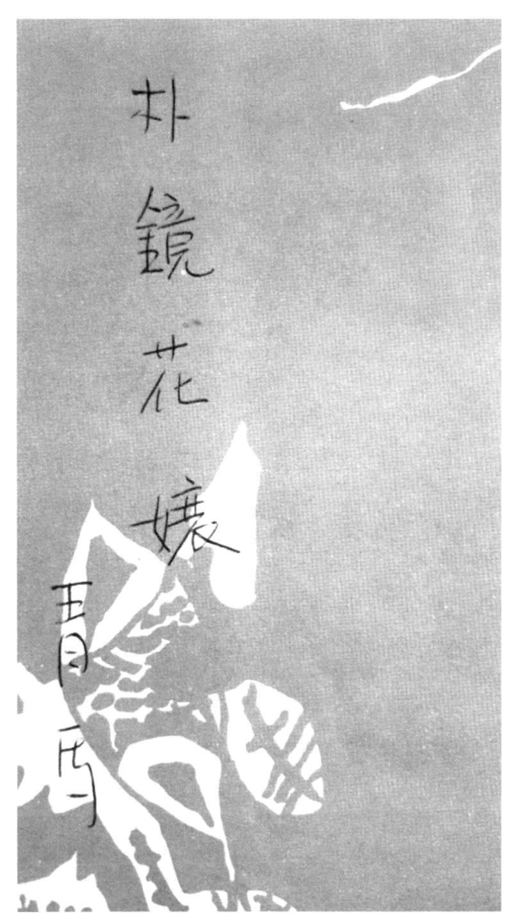

미루나무와 남풍, 유치환, 1964

여고시절 청마 선생님께서 선생님 책

『미루나무와 남풍』에 이름을 써서 주셨다

어 선생님의 『자작시 해설, 구름에 그린다』(1959)[6]를 찾아봤다. 그런데 내가 외우는 건 '물같이'인데 그 책에는 '물 같이'로 되어 있었다. 정음사에서 나온 선생님의 전집에는 '물같이'로 나와 있었다. 김인환 교수는 정음사의 전집도 판본이 정확하지 않다고 한다.

> 파도야 어쩌란 말이냐
> 파도야 어쩌란 말이냐
> 임은 뭍같이 까딱 않는데
> 파도야 어쩌란 말이냐
> 날 어쩌란 말이냐

선생님은 이 시에 대해 다음과 같은 해설을 붙이셨다.

> 이것은 나의 四十代의 그리움입니다. 스스로도 가눌 길 없는 情炎에 번롱 당함이 아닙니다. 한갓 忍苦와도 같은 사모에 차라리 목숨을 내 맡겨 놓노라면 불 속에 달구어질수록 쇠는 좋은 쇠로 다듬어져 나오듯이 영혼도 가을날 구름자락처럼 절로 빛을 발하기 마련인 것입니다.

6. 유치환(1959) 『자작시 해설, 구름에 그린다』, 신흥출판사.

청마 선생님이 6.25 직후에 경북대학교 국어교육과 교수로 발령을 받았는데 교수직에 오래 계시지 않았지만, 선생님이 경북대학교에서 철학자 하기락 교수를 만나 평생의 우의를 나누게 되었다고 한다. 두 분이 같이 수필집을 내신 것이 교수시절의 소득이라면 소득일 것이라고 하는데, 두 분의 공저가 훈민각에서 『사랑과 모랄의 진리』라는 제목으로 출간되어 있다.

젊은 시절 만주에서 농장을 관리하며 시를 써서 1930년대의 평론가들이 오장환과 청마를 '생명파'라고 불렀다고 한다. 고교시절 국어시간에 배웠던 청록파 시인들, 조지훈(1921~1968), 박목월(1916~1976), 박두진(1916~1998)은 그 후에 등장하는데 청마보다 여덟 살에서 열세 살 연하였다. 대학에 계셨던 조지훈, 서정주, 박목월 시인의 경우는 제대로 된 전집이 나와 있는데, 유치환 선생님 경우는 정음사에서 나온 세 권으로 된 전집이 있긴 하지만 작품이 다 들어있지 않다고 한다. 선생님의 멋진 글과 눌변이지만 따뜻한 전체조회 시간의 훈화는 늘 좋은 기억으로 남아있다.

대학시험에 붙고 한 시간 늦게 면접을 보러 갔을 때, 교수님은 청마 선생님과 친구라고 하시며 입학시험 성적은 좋은데 고등학교 수학 성적이 어떻게 영점일 수 있냐고 물으셨다. 그때 면접에 늦은 나를 위해 잠시 기다려 주셨던 교수님이 바로 청마 선생님이 경북대 국어교육과 교수로 임용되셨을 때 영문과 강사였던 김치규 선생님이시다. 지금 생각하면 스무 살 가까이 아래인 김치규 선생님이 청마 선생님을 친구라 부르면 안 되었던 것 같긴 하다. 경북대에 계실 때, 국어교육과 교수였던 청마 선생님과 영문과 강사이던 김치규 선생님, 그리고 의대생인 허만하 시인, 그렇게 셋이 술을 자주 마셔서 술친구라는 말씀이셨을까?

그 때는 대학에 가면 무언가 엄청난 좋은 일들을 만날 것이라는 막연한 꿈에 부풀어 있었다. 대학에 가는 게 벼슬하는 거니까 말하자면 청운의 꿈이다. 아버지는 내가 이화대학 영문과에 들어가서 학보사 기자가 되고 졸업 후에는 동아일보 기자가 되는 것이 꿈이라고 말씀하시곤 했다. 집에 첩들이 들락거리게 하던 아버지가 미워서 일부러 아버지 뜻에 어긋나느라 한 건 아니지만 나는 여학생에게 수학 대신 가정을 선택할 수 있게 해 준 다른 대학을 택했고 그 선택으로 인해 모든 것이 달라졌다. 「가지 않은 길」의 마지막 줄, "And that has made all the difference"처럼.

대학 1학년 겨울방학이었다. 부산에 내려가 있던 어느 날, 부산진역 앞 버스 정류장에서 청마 선생님과 마주쳤다. 반가워하시며 배우처럼 내게 한 손을 들어 먼저 타라고 하시는 모습이 멋있다고 생각했다. 그게 끝이었다. 교장선생님은 그 다음 날 교통사고로 돌아가셨다. 장례식에 참석하고 다시 학교로 돌아왔지만 돌아가시기 전 날 만난 선생님 모습이 자꾸 떠올랐다.

대학에 들어가서는 학보사가 아닌 영자 신문사 기자가 되었고 그렇게 내 대학시절은 영자 신문사를 베이스로 모든 일이 일어났다. 그 당시 멕시코 올림픽에 다녀온 잘 생긴 농구 선수 박한을 체육관에서 인터뷰 할 때, 너무 시끄러웠던 선수들이 뛰는 소리, 공이 바닥에 튀는 소리에 겁을 먹어 온 몸이 사시나무 떨듯 했던 기억이 난다. 가사가 가슴에 와 닿는 영어 노래들을 좋아했고 일 년 선배인 박익서 편집장은 신문사 칠판에 그때그때 배우던 노래 가사를 써 놓곤 했다. 경제과 학생이던 일 년 후배 기자 이규환과도 잘 어울렸다. 우리가 같은 책을 읽고 같은 노래를 좋아하면서 친하게 지냈던 영자신문사 시절, 그는 내 남자친구 김인환을 토니오 크뢰거라고 불렀다. 내 인생에서 가장 행복했던 시간들이었다.

대학 4학년 봄에 어머니가 갑자기 돌아가셨다. 4학년 2학기에 김각중 교수님이 전무로 계시던 경방에 전무 영문비서 겸 수출과 직원으로 들어가서, 학교와 회사를 번갈아 나가며 근무하다 수습이 끝나기 전에 결혼했다. 교수님은 "동생 문제는 아버지를 믿고 시간을 좀 가져보자"고 하셨다. 그러나 나는 나보다 열여섯 살이 어린 막내 동생을 데려와 살 수 있을 줄 알고, "청춘과부한테 내 새끼 안 줄란다"던 돌아가시기 전 어머니 말씀과 "아버지를 믿어보자"던 교수님의 말씀을 뒤로 하고 전쟁터로 들어갔다.

쓸쓸하여도 오늘은 죽지 말자
앞으로 살아야 할 많은 날들은

지금껏 살았던 날들에 대한

말없는 보상이므로

최근, 부산에 다녀오는 기차 안에서 서울까지의 체감 시간을 줄여 볼 요량으로 휴대폰을 뒤적이다 오래 전 내가 자주 외던 장정일의 이 시를 찾아 봤더니, 그 동안 '찬사'를 '보상'으로 바꿔서 외고 있었다. 힘들다는 생각을 줄곧 하다 보니, 앞으로 살아야 할 많은 날들이 살았던 날들에 대한 '찬사' 보다는 '보상'이기를 바라는 내 속마음이 담긴 무의식적인 왜곡이었던 것 같다.

그 후로 내가 좋아하는 시는 박재삼의「가을 강」이다.

이제는 견딜 일 하나로 바다에 다 와 가는 가을 강

박재삼의 시는 제목부터「울음이 타는 가을 강」은 그냥 '가을 강'(그래야 지금쯤의 나와 맞으니까)으로 알고 있었고, "미칠 일 하나로"는 '견딜 일 하나로'로 바꿔서 외우고 있었다. '미칠' 일은 평생 해본 적 없어서 내가 잘 하는 '견딜' 일이 되었나 싶다. 내가 좋아하는 부분의 원문은 다음과 같다.

이제는 미칠 일 하나로 바다에 다 와 가는,

소리 죽은 가을 강을 처음 보겠네.

시인은 55년에 대학에 입학한 선배이고 이미 돌아가신 분이라, 내 나이 쯤 되었을 때 쓰신 시라고 생각하며 외우곤 했었다. 시를 후에 썼는지 모르지만 내용은 내가 생각했던 것과는 달리 "친구의 서러운 사랑 이야기"였다.

삶 속의 어떤 부분들을 그렇게 모양을 바꾸어서라도 '견딜' 만한 것으로 다시 만들어내는 고마운 기능이 우리 안에 있는 건가도 싶다. 내가 설계하는 미래에 따라 과거의 무게들이 달라질 수 있기를 기도한다. 너무 일찍 우리 곁을 떠난 이들을 위해, 우리들의 다른 미래와 다른 과거를 위해 기도한다.

— 2015년 8월

동이감

전라도 고흥에서 택배로 감 한 상자가 왔다. 어떻게 이렇게 큰 감이 나무에서 다 익을 수 있었을까 신기했다. 마치 옛날 우리 집 감나무에 가득 달려있던, 크기만 했지 한 번도 익은 적 없던 동이감을 다 익혀서 보내 주신 것 같았다. 아침나절에 딸아이한테서 친구 부모님이 농사지으신 감을 보낸다고 했다는 전화를 받은 터라 알고는 있었지만 막상 정말 좋은, 그것도 빨갛게 익은 동이감이 가득 들어있는 상자를 열어 보고는 어머니 생각, 집 생각, 우리 집 동이감 생각이 한꺼번에 밀려와 한동안 마음이 혼란스러웠다.

지금은 사십대가 된 딸이 친구들과 만나 이런 저런 이야기를 하다가, 암수술을 받은 엄마가 지금은 관절염 통증 때문에 많이 힘들다는 말을 했는지 한 친구가 부모님께 감 한 상자를 보내시라고 말씀드린 모양이었다. 단감은 선물을 받기도 하고 내가 사기도 하지만 빨갛게 익은 동이감을 이렇게 많이 보는 건 처음이라 흥분되기도 하고 당황스럽기도 했다.

옛날 우리 집에서 '동이감'이라 부르던 이 감의 원래 이름인지 '대봉'이라 적힌 감을 큰 상자로 하나 가득 선물로 받고 보니, 그것도 너무 많이 받고 보니, 한 편으로 내가 정말 이렇게 많이 아픈가 하는 생각도 들어 마음이 불안해지기도 했다.

괴테 색채론에 따르면, 주황색(red-yellow)이 주는 '기분 좋은', '생기를 주는' 느낌은 붉은 색이 조금 더 많아져 주홍색(yellow-red)으로 가면 한층 강렬한 느낌을 준다고 한다. 주홍색이 심리적으로 극도의 흥분 상태를 만든다는 『괴테 색채론』 제 1장, 주홍 항목 776 번이 나를 통해 증명되는 순간이었다. 괴테는 주홍색 천이 동물을 불안하게 만들고 화나게 한다고도 했다. 그래서 오래 전에 쓴 내 첫 번째 색채 책에 동물원에 갈 때 주홍색을 입지 말라고 썼던 것 같다. 오늘 나는 유독 붉게 익은 주홍색 동이감 때문에 마음이 들뜨고 있다.

어린 시절, 고향 집 내 방 창 앞에 커다란 감나무가 있었다. 여름에 나무 가득 달린 커다란 동이감을 난 무척 좋아했다. 우리 집 동이감은 정말 컸다. 동생과 둘이, 아버지께서 우리가 앉아 놀 수 있도록 '데마도' 창문의 바깥 창과 안 창 사이에 '투 바이 포'를 깔아 주신 창틀에 앉아 다리를 흔들며 감을 세기도 하고, 소나기가 올 때는 감나무 아래 평상에 우산을 펴놓고 우산 아래 웅크리고 앉아 놀기도 했다. 그때 우린 그렇게 작았다. 늘 식모 언니나 작은 엄마가 있었지만 우리 집은 평화로웠고 우린 행복했다.

그런데 어린 우리가 좋아하며 세어보곤 하던 우리 집 동이감은 빨갛게 익은 적이 없었다. 탐스럽게 자란 감들은 하나 둘 씩, 어느 날은 열 개 씩, 그렇게 다 떨어지고 마는 것이었다. 철길 너머 보이는 다른 집 감나무는 노랗게 익어 가는 감을 가득 매달고 있는데, 우리집 동이감은 익기 전에 다 떨어져 버렸다. 깨어진 생감을 주워들고 발을 구르는 나에게 어머니는 우리 집 감이 너무 커서 꼭지가 무게를 견디지 못한 거라 하셨다. 내년엔 감이 커지기 전에 짚으로 받침을 해주자고 하셨지만 정작 내가 상상했던 새집 같이 생긴 동이감 받침을 해 주었던 기억은 나지 않는다. 가득 달렸던 동이감이 익지 않고 모두 다 떨어져 버린 우리 집 감나무는 신작로 길가에 늘어선 가로수처럼 전혀 특별하지 않았다.

대학시절, 익기 전에 떨어져 깨진 동이감 같은 건 까맣게 잊고 집을 떠나 있다가 방학에 집에 간 나에게 어머니 나이 마흔 셋에 낳은, 나보다 열여섯 살이 어린 막내 동생이 아가 하나를 업고 우리 집으로 들어온 '아가야엄마'에 대해 얘기해주었다. 나보다 정확하게 네 살이 많은(음력 생일이 나와 같았다.) 그녀는 아버지의 새 첩이었다. 막내는 식모 언니와 작은 엄마들, 그리고 아가야

엄마가 같은 신분임을 알 수 없었을 것이다. 아이를 낳았던 첩은 없었던 탓에 어머니도 처음에는 어떻게 할지를 모르셨던 것 같았다. 아가를 데리고 들어왔으니까 우리는 그녀를 막내가 처음 불렀던 대로 '아가야엄마'라고 불렀다.
그 동안 첩들이 들락거리던 아래채에 들어앉은 그녀는 아침에는 일어나지 않고 낮에는 어머니가 해주시는 밥을 먹고 밤에는 아버지와 아래채에서 잠을 잤다. 아버지가 좀 늦게 아래채로 내려가시는 날은 안에서 문을 잠그고 아버지를 한참 씩 문 밖에 세워두었다. 아가는 낮에는 우리 어머니와 놀고 밤에는 우리 어머니 품에서 잠을 잤다. 가관인 것은 어머니가 그 아가를 업고 마실도 다니신다는 거였다.
그렇게 계속 되던 생활이 대학생 딸과 딸보다 네 살 많은 어린 첩의 생 쇼를 계기로 일단락되었다. 평생 식모 언니들까지 곱게 내보낸 적 없던 아버지와 염치없는 어린 첩을 참을 수 없었던 내가 '자식이 죽으면 정신 차리겠지' 하며 부엌에서 칼을 들고 뒹굴었더니, 그녀는 대문밖에 나가서 아버지를 기다리다가 큰 딸이 칼을 들고 자기를 죽이러 와서 도망쳐 나왔다며 아버지 품에 안겨 서럽게 울었다. 그 바람에 내가 잡았던 칼을 들고 그 밤을 미쳐 날뛰던 아버지는 거짓말쟁이 첩을 안고 살림을 났다.
어머니는 아기까지 안고 들어온 딸자식 같은 이십대의 어린 첩한테 아기는 당신이 키울 테니 새 출발 하라고 사정했다고 하셨다. 그러나 윗사람으로서의 충고도 사정도 통하지 않자, 첩들과 식모들을 보내며 옷가지에 돈까지 쥐어주던 사람 좋은 조강지처 역할도 그 모멸감도 더는 견딜 수가 없었던지 오십에 세상을 버렸다. 그때 막내가 여덟 살이었다.

어머니가 돌아가신 후, 얼마 되지 않아 첩은 다시 우리 집으로 들어왔다. 어머니의 안방에서 자는 것이 무섭다며, 어머니가 주무시던 방에서 자지 않고 매일 밤 목사와 산에 가서 바위 위에 앉아 철야기도를 한다고 했다. 그녀는 그 당시 온 집안에 성경 구절을 써서 붙여댔는데 그 글귀들을 적어 놓던 쪽지에 "나는 예수님과 연애를 한다."고 써 두기도 했다.

엄마가 한 극단적인 선택의 가장 큰 피해자는 자기가 아니라 엄마 자신이라며 우리를 안심시키던 막내는 평생 힘들어하다가 마흔 다섯에 두 아이를 두고 세상을 놓았다. 나는 아들러를 믿지 않는다. 트라우마를 부정하는 그를 받아들일 수 없기 때문이다.

'아가야엄마'라는 이름으로 우리에게 와서 한 가정을 풍비박산 낸 그녀에게 삶은 깃털처럼 가벼워 보이겠지만, 우리에게 삶은, 붙들고 있던 세상꼭지를 놓아 버리고 말 정도로 버겁다. 신앙도 그렇다. 그들의 교회가 가볍게 허용하는 죄는 어디까지일까?

우리에겐 신앙도 버거운 짐이다. 너무 무겁다. "저희에게 잘못한 이를 저희가 용서하오니 저희 죄를 용서하시고." 주기도문을 천 번도 더 썼는데 그래도 용서할 수 없다. 어머니와 동생이 버린

이 세상 속에 남은 우리는 신작로 길 가에 늘어선 가로수 같은데, 그런 우리더러 자꾸 용서하라고 한다.

오늘 선물 받은 빨갛게 익은 동이감이 고향집 감나무에 가득 매달려 있는 상상을 해본다. 오랜만에 위로가 된다. 오늘은 슬픔과 이별과 사랑하는 이들의 기억이 함께 있을 수 있도록, 될 수 있으면 가장 멀리 떨어진 곳에 그 염치없는 이름 '용서'를 치워두자.

— 2015년 11월

철둑 너머 102층

"너거 집 이층에서 보던 낙동강 노을 가끔 생각나더라." 오랜만에 만난 친구가 말했다. 그 노을 땜에 가끔 운다고 하는 내게 친구는 기차 창밖으로 우리 집을 더는 볼 수가 없더라고 했다. 공예고등학교에서 퇴직한 친구는 서울에 있는 아들도 보고 눈 치료도 하러 한 달에 한번 서울을 다녀가는 모양이었다.

아버지가 돌아가신 후에는 부산 갈 일도 없었다. 돌아가신 날 전이나 명절 즈음에 남편과 경주 공원묘지에 다녀오는 게 다였다. 아픈 동안에는 그것도 못했다. 몇 년 만에 서영이가 "엄마 바다 보고 싶지?" 하며 바닷가 호텔에서 바다소리 들으며 한 이틀 자고 오자고 해서 부산행 ktx를 탔다. 그런데 구포역을 지나면서

부터 찾았지만 아파트들이 많이 들어서서인지 이층집 하나 높게 보이던 우리 집이 어디쯤인지 찾을 수 없었다.

철길 아래 도로에서 올려다보면 이층이 보였는데 사람들은 높은 곳에 있는 이층이라고 102층이라 불렀다. 할아버지, 할머니가 다 돌아가시면서 간호사 언니, 초등학교 친구 고모, 나도 따라가 데려온 밀양댁, 첩들이 들락거리던 아래채가 꼴 보기 싫었는지 어머니는 어느 해 중학생이 된 나와 동생에게 공부방을 만들어준다고 하시며 아래채를 밀어버리고 그곳에 이층을 올리셨다. 그곳은 사랑채가 있던 자리라 그렇게 넓지 않아서 계단을 빼면, 아래 위 층에 우리 자매가 방 한 개씩을 좀 편하게 쓸 수 있는 정도였다. 아버지는 아래채가 우리 자매에게 한 층 씩 배당이 되자 아예 밖에 딴 살림을 차렸다. 그 때는 어떤 첩이 있을 때였는지 기억나지 않는다. 기생첩이 있을 때는 어머니가 달아 주신 '대구남산국민학교' 이름표를 달고, 집이 대구라고 거짓말을 한 아버지 심부름으로 어머니와 영주동 어디 이층집에 가서 그 기생첩이 한복 차려입고 어머니께 큰절을 올리는 진풍경도 구경했다. 아버지가 집에서 나가 밖에 딴 살림을 차린 것이 어머니 입장에서는 차라리 속편하실 줄 알았는데 꼭 그런 것도 아닌 모양이었다.

멀리 김해평야 너머 낙동강이 길게 가로로 놓인 위로 저녁노을이 질 때 붉은 색에 점점 검은 색이 많아지다가 스러지는 노을 풍경을 좋아했다. 그 붉은색에는 푸른색이 섞여있지 않았다. 노란색이 가득 들어있는 그 붉은 저녁노을이 내겐 언제나 위로였다. 철이 들면서 내가 어떻게 할 수 없는, 말도 안 되는 가족 구성원들과 그들을 자식처럼 거두는 어머니가 답답했다. 첩을 두고도 당당하게 가장의 권위를 잃지 않는 아버지도 가관이었다. 그때까지는 그래도 아이를 낳은 작은 엄마나 식모언니는 없어서 어머니가 별로 힘들어 보이지 않았다. 우리도 아무렇지도 않았다. 늘 그랬으니까. 그래도 집에서 나가면 자유롭고 편했다. 집에 들어가면 가끔 숨이 막혀서 동생을 데리고 나갔던 건데 내게 그 탈출구가 대저면의 강둑이었다. 친구들과 함께 동생을 데리고 구포다리를 건너 오른 쪽 강둑을 올라가며 많이도 걸었다. 강둑에 앉아 시험공부도 했다.

아버지가 딴 살림을 나자 우리는 대저면까지 가는 대신 이층 내 방 앞 쪽마루나 바깥 발코니에 나와서 놀았다. 그곳에서 우리는 멀리 낙동강과 그 안쪽으로 어마어마한 규모의 연두색 들판을 보곤 했다. 어느새 짙은 녹색으로, 황금물결로 변하는 김해평야와 그 너머 강 건너 저녁노을을 보며 소녀시절을 보냈다. 어머니가 내 방에 오셨던 어느 여름날 "여길 좋아해서 다행이다" 하시며 우리가 늘 하던 것처럼 멀리 강 쪽을 하염없이 보고 계시다가, 남산에 비안개가 뿌옇게 묻어오는 걸 보시고, "화야, 비 묻어온다. 빨래 걷자" 하시며 일어서시던 모습이 눈에 선하다.

아버지가 오시지 않는 날은 집이 참 편하고 조용했다. 내가 어릴 때 아버지는 다정하고 멋있기도 했던 것 같은데, 후에 달라진 아비지를 이해할 수 없었다. 원래 그런 아버지였을까?
어머니는 별다른 내색 없이 아버지가 오시면 여느 때처럼 정성을 다해 식사 준비를 하셨고 저녁식사 후에는 그간의 우리 자매에 관한 일들을 일본말로 조근조근 얘기하시곤 했다. 아버지는 그 내용에 따라 우리에게 상도 주시고 벌도 주셨다. 아버지가 집에 안 계셔도 우리는 열심히 공부했다. 학교에서 돌아오면 발코니 난간을 돌면서 놀기도 했지만, 숙제도 쪽마루에서 하고 어머니가 올려다주시는 튀김 같은 간식이나 동네에서 금방 따 온 과일을 발코니 난간에 앉아서 먹곤 했다. 일식 요리를 잘 하시던 어머니는 튀김요리를 많이 하셨다. 과일 말고는 다 튀기셨던 것 같다. 전에 와있던 간호사 언니가 아버지와 상관없이 아래층에 한동안 와있어서 동생과 내가 이층을 같이 썼다. 그 언니는 어머니 말동무도 하고 병원에 나가지 않는 날은 동생을 데리고 영화도 보러 갔다. 나는 그 병원 언니가 불편했다.
가을이 되면 산지기 부부가 일찌감치 산에서 긁어다 차곡차곡 쌓아놓은 소나무 갈비짝(소나무 아래 떨어져 쌓인 붉은 색의 바늘잎을 갈쿠리로 긁어모아서 가지런히 직사각형으로 짝을 만들어 쌓아두는데, 그 소나무 갈비는 불이 잘 붙어서 불쏘시개나 취사용으로, 난방용으로도 썼다. 타는 냄새도 좋았다.) 옆으로 어머니가 넝쿨을 올려놓은 청포도가 난간에 매달렸다. 그 때쯤, 우리 놀이터는 정말 특별했다. 친구들도 아마 그

맘때쯤 우리 집에 왔던 것 같다.

친구는 한 달에 한 번씩 서울에 치료를 받으러 올 때 꼭 보자고 했다. 우리는 돌아가신 우리 선생님처럼 "일 년에 한번 씩은 보자." 그래봐야 몇 번이나 보겠냐고 해놓고, 자주 만나지 못한다. 들판에 공단이 들어서고 내가 좋아하던 남산의 청회색 능선을 깨고 아파트가 들어섰다. 그러나 여전히 "화야, 비 묻어온다. 빨래 걷자" 하시던 모시 적삼 입은 어머니 모습이 눈에 선한 그 곳, 여름 가기 전에 부산이나 한 번 더 갈까.

— 2017년

테라코타

마르세유로 들어가는 길에 나무로 만든 것 같은 터널을 지났다. 차가 터널 속으로 간다고 착각하게 만든, 아치 모양으로 자란 아름드리 플라타너스 가로수는 마치 그 수령만큼이나 오래된 도시로 나를 초대하는 것 같은 느낌을 주었다. 가이드는 가로수 가지로 하늘을 가린 것이 뜨거운 태양을 가리기 위한 이곳 사람들의 지혜라 했다. 이들은 우리가 질색하는 그 꽃가루들을 어떻게 하고 있는 걸까?

지중해를 내려다보고 심호흡을 하며 마르세유로 들어갔다. 프랑스에서 두 번째로 큰 도시인 마르세유는 왕복 6차선의 도심 도로를 보행자에게 내어주고 2차선으로 줄어든 차도로 차들이 오갔다. 사람이 가득한 도심의 광장 사이에 마치 시냇물이 흐르는 것처럼 S자를 살짝 편 듯 굽은 차도로 차들이 다니고 있었다. 그 길에, 조금 과장하면, '몇 발자국' 간격으로 있는 건널목 신호 때문에 가다 서다를 반복하는 차들이 내겐 인상적이었다. 적어도 이 도시는 차가 사람을 위협하지는 않는다는 생각이 들었다. 다른 도시들도 다 그렇게 만들 예정이라고 했다. 곧 재앙이 될 환경을 후손들에게 이대로 물려줄 수 없다는 거다.

여행 초반에 파리에서 합류한 가이드가 마르세유로 가면서 테라코타 흙 이야기를 했다. 생각지도 않았던 '테라코타'라니. 그러나 잠시 가슴이 설레었지만 나는 마르세유의 테라코타 벽돌로 지은 건물들의 군락을 볼 기회가 없었다.

니스로 들어가면서는, 김우중 회장의 별장도 있었다는, 산위에 보이는 전 세계 셀렙들, 부호들의 호화별장들을 올려다보았다. 내가 궁금했던 건 모딜리아니가 그의 구원인 아내 잔을 만나기 전, 술과 마약, 방탕한 생활로 피폐해진 건강 때문에 파리를 떠나 얼마간 와 있었던 니스 어딘가의 작업실과 르 코르뷔지에가 아내의 고향 가까운 곳 니스에서 말년을 보냈다는 4평 짜리 통나무집 같은 거 였는데, 그 통나무집이 어떤 패키지에는 들어있다고 했는데 우리 패키지는 아니었다.

색채를 가르칠 때 늘 언급했던 세잔의 〈생 빅투아르 산〉도 실물을 꼭 보고 싶었다. 원근법을 완전히 무시하고 감정과 인상과 사실을 종합하여 그린 그의 그림들이 어떤 조건에서 그려질 수 있었는지 항상 궁금했기 때문이다.

니스 바닷가에서 모래 대신 까만 돌이 깔린 해변을 보며, 친구와 오래 이야기를 나눈 건 좋았지만 두 시간 여 자유시간이 아까웠다. 패키지여행에서의 자유시간이 가끔은 좋을 때도 있지만 니스에서는 아니었다.

마르세유 시내에서는 오래 된 건물 1층 카페에서 "Jus d'orange, s'il vous plaît"(오렌지 주스 주세요)라고 프랑스어로 오렌지 주스를 주문하여 마셨다. 아를에서도 니스나 깐느에서도 여행 준비 목록에 들어있던 '프랑스어를 좀 해보겠다'는 내 포부는 단지 오렌지 주스 주문과 이태리 식당에서 이태리식 발음으로 식사가 끝났는지를 묻는 배우 같은 이태리 청년에게 "J'ai fini"(끝났어요)라 하고, 차에서 내리기 싫어 혼자 자리에 남아 있다가 괜찮으냐고 영어로 물어보는 관광버스 기사에게 "Je suis fatigué"(피곤해요)라고 하소연하는 정도로 대강 접었다. 프랑스에서는 관광버스 기사가 시동을 걸기 전에 음주측정을 하지 않으면 시동이 걸리지 않는다고 했다. 불법주차 문제도 소방차가 소방도로를 막고 있는 차들을 치우지 못해 화재진압을 못하는 우리와 달랐다. 마티스 박물관에서 나왔을 때 관광버스를 막고 있는 불법주차 승용차를 기사가 밀어버리려고 하는 바람에 놀라 "무슨 이런 일이" 했는데, 프랑스에서는 그렇게 해도 된다고 했다. 전직 경찰로 7백 번의 스카이다이빙을 성공했다는 우리 버스 기사님은 "피곤하다"

고 프랑스어로 말하는 한국인 여자에게 의자를 눕혀주며 한 잠 자라고 말해주고 차에서 내려주기까지 했다.

사랑채에 군불을 때는 아궁이가 틈이 생겨 연기가 샌다고 하시며 손잡이 달린 통 하나를 들고 나서던 아버지가 나더러 따라 나서라는 눈짓을 하신다. 쪼르르 나가는 나를 향해 겉옷을 입으라는 몸짓도 하신다. 식구들 몰래 겉옷 하나 집어 들고 아버지를 따라 대문을 나선다.

집에서 나와 동네를 벗어나면 산으로 올라가는 길이 나오는데, 산 중턱에 오를 때까지 높은 곳에서 내려오는 계곡 물을 옆에 두고 물길을 되짚어 올라간다. 황토가 필요하지 않을 때도 아버지는 가끔 산길로 한참을 더 가는 산책길에 나를 데리고 가셨다. 황토가 보이기 시작하는 길섶에 아버지가 주말에 부엌 아궁이나 방바닥을 손보실 때 흙을 퍼 오는 작은 둔덕이 나온다. 그 아래로 사람들이 황토를 파가서 움푹해진 붉은 구덩이가 나타나는데 아버지께서 나를 데려와 주신 건 내가 그 황토를 좋아했기 때문이었다.

들통 가득 담아 오신 붉은 흙을 개어 아버지가 사랑채 아궁이 위쪽 갈라진 곳이나 벽을 손보실 때, 내게도 황토 갠 것을 조금 떼어 주시면 그걸 가지고 노는 게 좋았다. 그때 내가 만든 황토 모형들을 아버지께서 구워주셨는지 말려주셨는지 그랬던 것 같다. 그렇게 만든 작품(?)들 중에 그런대로 모양이 좀 나온 걸 동생에게 주곤 했는데, 초등학교 상급학년이 된 다음에는 학교 앞 문방구에서 유리로 만든 작은 노루나 사슴을 사다 주었다.

동생은 어릴 때 왜 그랬는지 법정 전염병이 돌면 다 걸렸다. 디프테리아, 뇌염에 장티푸스는 두 번이나 앓았다. 병이 날 때마다 동생을 살려줬다고 어머니는 광복동 오소아과 원장님을 은인으로 모셨다. 병원의 간호사와 남자 직원(?)이 집에 놀러오기도 했다. 어떻게 하면 아픈 동생이 기분이 좀 좋아질까 해서 늘 뭘 갖다 주고 사다 주고 하던 것이 버릇이 되었던지 나는 예쁜 게 있으면 동생에게 준다.

아파트 단지 옆, 길을 따라 테라코타 타일을 외벽에 붙인 5, 6 층짜리 건물들이 여러 채 늘어서 있다. 그 건물들은 놀이터 주위에 서 있는 오래 된 은행나무와 느티나무 너머에 있어서 우리 집 거실에서 그다지 부담스럽게 가깝지는 않다. 사람 사이에 편안한 거리(comfortable distance)가 있듯이, 건물도 바로 앞을 막고 있으면 답답하다. 그 답답하다 못해 숨이 막히는 증세를 나 스스로 폐쇄공포증이라 부르는데 의사한테 그런 병명을 진단 받은 적은 없다. 수술 받고나서 정신은 들었는데 숨이 돌아오지 않아 죽을 고비를 넘겨서인지 뭐든지 바싹 붙으면 답답하다. 그런데 우리 집은 앞 동이 좀 비켜있어 마주치지 않고, 주차장과 찻길 너머까지 충분한 공간이 있다. 난 그 열린 공간이 좋다.

집에서 보이는 그 건물들의 외벽색은 색상에서나 채도 명도에서 나 조금 씩 차이가 나지만 여전히 내가 익숙한 테라코타여서 내다보고 있으면 마음이 편안하다. 새벽에 발코니에서 화초를 만지다 허리를 펴면, 남향이지만 약간 서쪽으로 돌아앉은 아파트의 동쪽에서 해가 나온다. 막 모퉁이를 돌아 나오는 해가 동향으로 늘어 선 테라코타 건물들을 정면으로 비추면 햇빛을 받은 그 집들이 갑자기 모두 붉은 색으로 환해질 때가 있다. 그럴 때는 마치 건물들의 창유리 속이 불붙는 것 같다.

저녁녘에는 타일만 보이던 건물의 검은 유리창들이 아침에 햇빛을 받으면 전혀 다른 이야기를 만든다. 김해평야 너머 저녁놀이 질 때, 마당에 놓인 평상에서 서향으로 난 이층 유리창을 올려다보며 내가 상상하던 '황금의 창'이 '철길 너머 102층'으로 나를 소환한다. 더 멀리 돌아가면, 할아버지 할머니 상에 같이 내다 주신 저녁밥을 먹고, 황토 바른 사랑채 아궁이에 얹은 가마솥의 따뜻한 물로 세수를 하고나서, 할머니 무릎 베고 옛날이야기 한 두 자루 들으면서 잠이 들던 그 사랑(舍廊)으로까지. 그러고 보니, 내가 그때 우리 할머니랑 나이가 비슷하다.

— 2018년 11월

기억의 색

고등학교 2학년, 가슴 설레는 첫 사랑을 막 시작하던 두 아이 중 남자아이가 사고로 죽는다. 10년이 지난 후 죽은 친구와 똑 같이 생긴 남자를 만나 유진이 눈물부터 흘리지만 남자는 그녀를 처음 만난 사람처럼 대한다. 그러나 한 사람이 자기가 다른 사람이라고 우기는데도 그들은 어쩔 수 없이 서로 끌린다. 사랑했던 기억을 잃어버린 남자가 그녀를 만나 다시 사랑하게 된 건, 그는 기억하지 못하지만 그의 무의식이 그녀를 사랑한 시간을 기억하고 있기 때문이었는지도 모른다. 드라마 〈겨울 연가〉의 이야기다.

자신이 준상이라는 사실을 알게 되었지만 그녀도 그녀와의 사랑도 기억나지 않아 괴로운 남자는, 못 알아봐서 미안하다는 유진이 밤새 그와의 추억을 말해주며 울다 잠든 새벽, 쪽지를 남기고 호텔방을 나선다.

> 유진아...내가 예전에 유진씨를 이렇게 불렀나요? 유진아.. 유진아... 유진아.....근데 나는 아무것도 기억이 나질 않습니다. 유진씨가 그토록 그리워하는 강준상은 나이면서도 동시에 내가 아닙니다. 함께 한 추억을 잃어버렸다면 내가 강준상이어도 그건 단지 텅 빈 이름에 지나지 않기 때문입니다... 미안해요.... 기억하지 못하는 내 지난 시간 속에 당신이 있었음을 감사드립니다. 진심으로... 진심으로...

드라마를 가로지르는 한 축은 사랑과 배신, 그리고 배신당한 사랑에 대한 집착이다. 남자의 어머니가, 오래전 약혼자였던 사랑하는 사람이 다른 여자와 결혼하자 강물에 뛰어들었고, 그녀를 짝사랑하던 남자가 그녀를 구하고 두 남녀는 그날 밤을 같이 보낸다. 그 후 그녀는 미국으로 떠나 세계적인 피아니스트가 되어 돌아온다. 사생아로 피아니스트인 어머니와 서울에서 살면서 과학고에 다니던 남자아이는 어머니와 한 남자의 찢어진 낡은 사진을 들고 대학교수인 아버지를 찾아 어머니의 모교인 춘천의 고등학교로 전학을 온다. 아버지끼리 친구라 서로 가족처럼 지내던 아이들의 관계가, 아버지들의 친구인 피아니스트의 아들이 전학 오면서 복잡해진다. 자식들의 사랑이 물고 물리면서 부모들의 애정관계를 되풀이한다.

또 한 축은 기억이다. 2002년에 만든 이 드라마에는 '기억을 다른 기억으로 바꾸는' 내용이 나온다. 준상은 가슴 시린 첫사랑의 기억도, 춘천으로 아버지를 찾으러 왔던 기억도, 자신이 사생아였다는 기억도, 피아니스트의 아들이라 자연스럽게 유진에게 피아노를 쳐주고 제목이 〈처음〉이라고 말해주었던 기억도 다 잊어버린다. 사고를 당해 오래 기억을 잃어버리고 있는 아들이 과거를 기억하기를 원치 않는 어머니와 의사가 준상의 기억을 조작했기 때문이다. 그는 준상이 아닌 민형으로 살면서 건축가가 되어 다시 한국으로 오게 되고, 우여곡절 끝에 과거를 기억하지는 못하지만 자신이 준상임을 알게 된다. 이것이 또 다른 한 축이다.

〈겨울연가〉는 춘천이라는 호반도시를 배경으로 시작되는 대를 잇는 안타까운 사랑이야기다.

강봉균 서울대 생명과학부 교수는 최근 기억의 실체를 세계 최초로 찾아냈다고 한다. 뇌 속 신경세포인 뉴런에서 길게 뻗어 나온 '시냅스' 돌기에 기억이 저장된다는 것이다. 그의 연구에 따르면 한 사람이 다른 사람과 다른 이유는 얼굴 생김새나 이름이 달라서가 아니라, 기억이 저장되며 정체성이 형성되고 그에 따라 각각의 뇌가 다른 모습으로 분화하기 때문이라고 한다. 어떤 경험을 했고, 누구를 만났으며, 어떤 감정을 느끼며 살았는가에 따라 뇌의 구조가 결정된다는 말이다.

“과거의 어두운 기억에 계속 시달리는 사람들이 있다. 어떤 의미에서 좋은 기억을 많이 갖는 게 행복이라면 나쁜 기억을 선택적으로 지울 수는 없을까?”라는 기자의 질문에 그는 “쥐가 공포 기억을 떠올릴 때 단백질 합성을 억제하는 약물을 투입하니 그 기억이 깨끗하게 지워졌다. 다만 약물 부작용 때문에 사람에게 똑같이 시도할 수는 없다”고 대답했다. 그는 2008년 이런 연구결과를 ‘사이언스’에 발표했다. “장차 기술적으로는 뇌의 기억을 조작할 수 있다는 것인가?”라는 질문에는 “특정 기억을 사라지게 하거나 변형시키거나 없던 기억을 만들 수도 있게 될 것이다. 쉽지는 않지만 기술적으로 가능하다고 본다.”고 대답했다.[7]

대학 졸업 전에 어머니가 세상을 버렸다. 그 때는 어리기도 했고 전혀 예상했거나 준비하지 않았던 사건이라 그냥 충격이었을 뿐, 그 충격을 견딜 수 있는 어떤 장치도 없었다. 여느 아이들처럼 그 때까지만 해도 웬만한 힘든 일은 부모님이 사전에 또는 사후에 다 막아주셨기 때문에 별 어려움 없이 살았지만, 그때는 정말, 어머니라는 보호막이 없어진 정도가 아니라 어머니라는 존재 자체가 사라져 버린 공황 상태였다. 어머니 한 분이 돌아가셨지만 결과적으로 나는 내 존재의 일부라고 생각했던 부모님 두 분이

7. 2018년 8월 27일자 《조선일보》 〈최보식이 만난 사람〉.

한꺼번에 사라지고 두 동생을 챙겨야하는 상황에 처하게 되었다. 아버지가 나가고 텅 빈 큰 집에서 무서움과 외로움을 견딜 수 있었던 건 남편이 결혼할 때까지 쏟은 코피 덕분인지도 모른다는 생각을 할 때가 있다. 나도 동생들도 그 공황상태 속에서 주말에 오는 그를 기다리는 일 때문에 견딜 수 있었던 것 같다. 그는 대학원 논문을 쓰면서 고등학교에서 일주일에 48시간씩 수업을 하고, 토요일 밤차로 부산에 와서 새벽에 들어오면 코피부터 쏟고 점심도 굶고 종일 잤다. 그러고 다시 일요일 밤차로 서울역에 도착해서 바로 학교로 출근을 한다고 했다.

사랑하는 가족이 있는 지금도, 나는 그곳, 그 우울한 곳으로 돌아가곤 한다. 유난히 길던 그해 장마, 그리고 태풍. 밤에는 천둥이 칠 때마다 전기가 나갔다. 무서워 제 방에서들 잘 수 없어 안방에 모여 어머니 자개장 화장대 삼면경 앞에 촛불을 켜놓고 잠이 들던 동생들. 수십 년이 지났는데, 내가 돌아가는 집은 늘 촛불이 켜져 있다.

나는 HSP(Highly Sensitive Person)다. 잘 운다. 그럼에도 불구하고, 어머니를 충분히 애도하지 못했다는 죄의식 때문인지 남의 장례식에서 잘 울지 않는다. 아마 오래 호스피스를 한 이유도 어머니를 보내면서 원 없이 울지 못해서가 아니었을까? 내가 상담하는 환자들이 나와의 유대 때문에 조금이라도 덜 외롭게 떠날 수 있기를 바라는 내 마음 어느 곳에 외롭게 가신 어머니가 계시기 때문은 아닐까?

색채를 가르치면서 정작 나 자신은 검은색이 아닌 어떤 색도 잘 입지 못 한 것 또한 아직 어머니의 죽음을 충분히 애도하지 못했다는 죄책감 때문인지 모른다.

그렇다고 해도, 괴롭다고 어머니의 기억을 지우고 싶진 않다. 그 슬픔도 나니까. 지금의 나보다 스무 살이 어린, 고운 어머니 모습을 지우고 싶지 않으니까. 어머니가 가장 나쁜 선택을 하시기 반년 쯤 전 초가을, 느닷없이 학교로 찾아오셨던 건 큰 딸인 내게 보내는 도와달라는 신호였는데 나는 알아채지 못했다. 어머니가 오셨던 날, 본관 4층 좁은 계단으로 올라가야 들어갈 수 있던 비둘기장 강의실에서 친구들은 인촌 동상 쪽을 내려다보며 '그림 같다'고 했다. 난 가끔 푸른 색 깨끼(시폰 같은) 한복을 입은 살 빛 흰 어머니가 서 계시던 그 지점으로 돌아가고 싶다.

선택은 내가 잘못 했다. 어머니를 서울로 모셔올 수 있었는데 그러지 않고 휴학을 하고 집에 내려갔다. 결국 고향 집을 포기하지 않으려고 어머니를 포기한 셈이 되고 말았다. 당신 때문에 내가 휴학을 했다고 생각하셨는지 씩씩하게 일상을 회복하시는 듯했다. 나는 그 진짜가 아닌 평화에 속아, 아니 속는 척하며 다음 학기에 복학을 했다. 어머니가 내 안에 있어서 어떤 존재인지 몰랐던 거다. 내가 포기할 수 없던 고향집은 어떤 이들에게 장물처럼 되고 말았다.

나이가 들어서인지 이제 더 늦기 전에 어머니를 보내드려야 한다는 생각을 자꾸 하게 된다. 그런데 죄송하다. 그때 그렇게 보낸 게 죄송하고 막내 동생을 지키지 못한 것도 죄송하다. 그래도 이제는 보내드릴 생각이다. 어린 시절 늘 고운 색으로 지어주시던 예쁜 원피스들, 대학에 온 후에 서울에 오실 때면 명동의 〈송옥〉이나 〈베니스〉에서 맞춰주고 가시던 색깔 옷들을 기억해내고 싶다. 50년 동안 입어온 상복을 이제 벗으려 한다. 언젠가 명동 〈베니스〉에서 사주시고 간 베이지 색 투피스 재킷을 『유리동물원』 리딩을 하고 있던 불문과 희순이가 벗겨서 입어보던 생각이 난다. 단추 대신 지퍼가 달린 베이지색 옷이었다. 이제 장례식을 끝내고, 수의 속의 어머니 모습이 아닌 푸른 깨끼 한복 곱게 차려입고 인촌 동상 옆에 서서, 창문으로 내다보던 나를 올려다보고 계시던 그 어머니 모습까지만 기억하고 싶다. 내일은 당신이 두고 간 여덟 살 막내가 순백의 웨딩드레스를 입고 세상에서 가장 아름다운 신부가 되어 결혼식을 올렸던 명동 성당에 연미사를 넣으려 한다. 어머니와 막내 동생이 손잡고 연미사에 오라고. 엄마, 안녕히 가요. 그리고 이제 편히 쉬어요.

— 2018년 9월

4월, If only

계절은 어김없이 4월을 싣고 왔다. 10년 전 동생을 잃고 나서 생긴 버릇이 몇 가지 있다. 무슨 일이 있을 때마다 입 속을 맴도는 'if'라는 단어를 곱씹는 것이 그 중 하나인데, 요즘은 부쩍 '그 때 내가 만약'을 중얼거리고 있을 때가 많다. 이제 돌이키기에는 많은 것이 불가능해졌는데 자꾸 '그랬더라면, 그랬더라면' 한다.

스콧 피처제랄드(Scott Fitzgerald) 원작의 영화 〈벤자민 버튼의 시간은 거꾸로 간다〉(The Curious Case of Benjamin Button, 2008)에서 데이지가 교통사고로 다리를 다쳐 발레를 할 수 없게 되었을 때 데이지를 찾아온 벤자민이 말한다. "If only one thing had happened differently"(한 가지만이라도 달랐더라면).

친구의 신발 끈이 끊어지지 않았더라면, 배달트럭이 몇 분만 빨리 출발했더라면, 그 점원이 남자친구와 헤어지지 않았고 그래서 물건이 제대로 포장되어 있었더라면, 그 남자가 알람을 맞춰두어서 5분만 일찍 일어났거나, 택시 기사가 커피를 마시려고 멈추지 않았더라면, 그 여자가 코트를 잊어버리지 않고 챙겨서 앞 택시를 탔더라면, 데이지와 그녀의 친구는 길을 건넜을 것이고 택시는 그냥 지나갔을 것이다. 그러나 인생이란 게 누구도 통제할 수 없는 교차하는 삶과 사건들의 연속이니- 택시는 그냥 지나가지 않았고, 기사가 순간적으로 한 눈을 팔다가 데이지를 치었고 그녀의 다리는 부러졌다.

한가지만이라도 - 그날 릿다 수녀님과 같이 동생이 이사한 바닷가 집에 간다고 했을 때 그 아이가 오지 말라고 했어도 그냥 갈 걸, 하고 싶은 대로 하라고 할 걸, 아버지한테 집부터 사주라고 할 걸, 다시 공부하라고 할 걸, 아이들이랑 서울로 와서 살라고 할 걸, 아니, 어머니 가신 날 마당에 꿇어앉던 아버지의 첩을 믿지 말 걸. 아버지에게 두고 오지 말걸. 내가 복학하지 말 걸. 동생들을 데리고 어머니 집에서 그냥 살 걸. 아홉 살에 "언니, 나 언니랑 살면 안 돼?" 했을 때 그러라고 할 걸. 나는 그 벌을 평생 받고 있었는데 그 아이는 용서하지 않았다.

이번 4월이 그 아이 10주기다. 내게 4월은 모든 것이 버거운 달이다. 여덟 살 막내를 두고, 지금 우리보다 스무 살 어린 어머니가 4월에 세상을 버렸고, 엄마 자신이 가장 큰 피해자라고 말하던 그 아이가 마흔 다섯 4월에 또 우리를 버렸다. 바로 아래 동생은 어머니가 자기 생일에 그렇게 가셨다며 이 나이에도 4월엔 문득문득 눈물을 터뜨린다.

T. S. 엘리엇(T. S. Eliot 1888~1965)은 『황무지』(The Waste Land, 1922)의 제1 부 「죽은 자의 매장」을 다음과 같이 시작한다.

April is the cruellest month, breeding
Lilacs out of the dead land, mixing
Memory and desire, stirring
Dull roots with spring rain.
Winter kept us warm, covering
Earth in forgetful snow, feeding
A little life with dried tubers.
4월은 가장 잔인한 달,
죽은 땅에서 라일락을 키워내고,
기억과 욕망을 뒤섞고,
봄비로 잠든 뿌리를 뒤흔든다.
차라리 겨울에 우리는 따뜻했다.
망각의 눈이 대지를 덮고

마른 구근으로 가냘픈 생명만 유지했으니.

(장영희 번역)

T. S. Eliot은 「황무지」를 읽기 전에 프레이저의 『황금가지』(The Golden Bough)와 제시 웨스턴의 『제식에서 로맨스로』(From Ritual to Romance)를 읽으라고 했다. 두 책을 읽지 않고서는 황무지의 주제가 되는 죽음과 부활의 의미를 이해할 수 없다는 말이었을 것이다. 이 난해한 시의 첫 부분, '4월은 가장 잔인한 달'을 중얼거리게 된 게 4월에 떠난 사랑하는 사람들이 그리워서인지도 모르겠다. 어쩌면 이 시를 좀 깊게 읽었던 어느 시기에 '부활' 생각을 했던 기억 때문인지도. 4월에 부활절이 들어있어서인지도.

— 2017년 4월

레테의 강

모든 걸 잊고 싶을 때가 있다. 빙 둘러친 병풍 속처럼 막혀 있는 상황들이 버거워서 눈 감아버리고 싶을 때가 그럴 때다. '산사람은 살아야한다'는 잔인한 위로의 말이 가슴을 찌를 때 이틀사흘 울고 나면 멍해져서 좀 잊은 것 같기도 하다. 시간이 흐르고 나이가 더 들고 기운이 없어지면, 그래서 기억력도 떨어지면 나는 그 때 정말 다 잊을 수 있을까?

십년도 더 전, 호스피스 팀에 복지사가 없어 불편할 때가 많았다. 그래서 사회복지사 학사과정을 공부했다. 이미 학사여서 이년 정도면 내게 필요한 사회복지로 학사학위를 받을 수 있었다. 학교에 나가는 요일과 겹치지 않게 하다 보니 명지대, 고려대, 국민대 그렇게 차례대로 세 대학에서 강의를 들었다. 가르치는 일도 하루에 석 · 박사 과정 강의를 야간까지 일곱 시간 씩 했다. 많이 힘들었다. 그런데 이화여대에서 병원 코디네이터 교육도 같이 받던 학기에는, 급할 때 인간이 능력 이상의 힘을 내기도 한다는 말을 내가 증명하고 있었다.

그때 나를 땅 속으로 끌어당기던 갑상선 저하를, 사는 게 힘들어서 그런 줄 알았다. 내 몸에게 하는 변명이지만, 갑상선 때문일 수 있다며 가정의학과 선생님이 이비인후과의 젊은 의사에게로 컨설트를 해줬을 때, 이비인후과에서는 내가 전에 진료를 받던 교수에게만 진료를 받아야 한다고 했고 나는 그 요일에 강의가 있었다. 십 년 가까이 같은 요일에 해오던 강의라 시간을 바꿀 수 없어 진료를 받을 수 없었다. 다른 병원으로 갈 수 있었을 텐데 심각하게 생각하지 않았고, 이일저일 많은데 몸이 힘들다 보니, 몸 어디에 상처가 난 건 아니어서 금세 잊어버렸다. 치료를 하지 않고 시간을 너무 지체해선지 이미 내 갑상선은 암으로 발전된 상태였다. 그 해에는 새벽 다섯 시에 시작하는 일부터 해서 밤중까지, 강의하고 상담하고 교육받고 호스피스도 빠지지 않았다. 지금 생각하면 무슨 짓을 한 건가 싶다. 잠시도 비는 시간이 있으면 불안해서 자꾸 일을 만들었던 걸까? 일이 계속 생겼든 내가 일을 만들었든 어느 쪽도 현명하지 못했다.

사회복지 학사학위과정 마지막 학기에 필수과목인 실습을 나갔다. 데이케어센터에서 노인들을 위한 프로그램을 돌리고 있었는데 내가 맡은 건 미술치료였다. 노인들은 겉은 다 멀쩡했다. 복지사나 요양보호사가 바로 옆에서 지키고 있는데도 엉뚱한 일을 저질러서 놀라게 하는 이들이 몇 있었지만 대부분 겉모습만 보면 정상으로 보였다. 한 할머니는 옆 사람을 잘 깨물어서 늘 마스크를 하고 있던 기억이 난다. 남자들은 싸움이 나면 무서웠다. 짚고 있던 지팡이가 무기가 되기도 했다. 여자노인들의 싸움은 그렇게 폭력적이진 않았지만 그분들도 걸핏하면 싸웠다. 자리 때문에 싸우고 간식 때문에 싸우고 일본 노래를 부른다고 싸웠다.

노인들이 머무는 공간에 위험한 물건을 두지 않으려고 여러 사람이 신경 쓰고 있었지만 가끔 엉뚱한 데서 사건이 터질 때도 있었다. 하루는 안전하다고 생각했던 내 미술치료 재료인 점토를 한 할머니가 삼킨 일이 있었는데 복지사가 바로 옆에 있었지만 막지 못했다. 놀란 내가 할머니 입 속에 손가락을 넣으려고 했더니 남자 복지사가 내 손을 잡아챘다. 손가락을 넣었다 물리면 뼈까지 잘릴 수가 있다는 거였다. 한 움큼이나 되는 점토를 입에 물고 있던 할머니는 우리가 놀라 난리치는 바람에 뺏기지 않으려고 한 번에 꿀꺽 삼키고 말았다. 사건을 가족에게 알리고 나는 그 밤을 뜬 눈으로 새다시피 했다. 다음 날 할머니는 마치 아무 일도 없던 것처럼 복지사를 따라 노래도 하고 운동도 하고 간식도 잘 드셨다. 나는 십년감수했는데 할머니는 배탈도 나지 않았다.

점심 식사가 끝나면 한 할머니가 모든 문을 점검하고 다니는데 노무현이 학교가 끝날 시간이라 데리러 가야한다며 문 앞을 서성인다. 아들인지 딸 이름이 '노'자 '현'자가 들어갔는데, 물론 노무현은 아니었다. 어른인 자녀를 초등학교 3학년으로 기억하는 거였다. 점심 식사를 하고 나면 문을 만지고 다니시는데 모든 문을 잠그는데도 어쩌다 열려있는 문으로 빠져나가서 몇 시간 만에 겨우 찾은 적도 있었다고 했다.

내가 상담하던 할아버지는 군인일 때 애틀랜타 공병학교에 유학을 다녀왔다고 하는데 영문과를 나온 내가 당신 상담을 맡게 되어 참 좋다고 하셨다. 영어도 가끔 하고 지난 이야기도 조리 있게 잘 했다. 정상으로 보였다고 할까 그랬다. 나와 좀 친해졌다고 생각하셨는지 부인이 돌아가고 일 년 동안 밥을 한 끼도 안 먹고 소주만 마시다가 위 천공이 되었다고 하셨다. 병원에서 수술을 받고 입원해 있다가 퇴원하신 후에, 아들이 여기 데이케어센터 옆에 집을 얻어 드리고 등록도 해드린 모양이었다.

할아버지가 좋아하시는 할머니가 계셨다. 할머니는 50대에 쓰러져서 의식이 없는 채로 오래 병원에 계시다 깨어났는데 그 때부터 조기 치매가 시작되었고 한 쪽 눈동자가 돌아갔다고 했다. 왜 그 할머니를 좋아하냐고 했더니 "머리가 좋고 노래도 잘 해서"라고 하셨다. 할아버지는 아침에 늘 그 할머니에게 주려고 딸기우유 한 개를 사왔다. 어느 날은 다른 할아버지가 그 할머니에게 말을 걸었는지 큰 싸움이 났다. 주먹질도 오갔다. 그 중 정상이라고 여겨졌던 공병학교 유학생 할아버지도 정상이 아니었던 거다. 사무실에서 확인한 차트에는 그 분이 중증 치매 환자에 속해 있었다. 어떤 일은 선명하게 기억하지만 그 것조차도 왜곡되거나 전혀 사실이 아닐 수 있다고 했다.

구성원 대부분이 중증 치매환자인 그 곳, 데이케어센터에서 실습하는 동안 일어났던 일들이 오래 내 맘 속에 남아 있는 건, 사건들을 기록하고 분석해서 보고서를 썼기 때문만은 아닌 것 같다. 치매환자라 생각하면 그분들이 우리와 너무나 똑같다는 사실에 놀라고, 정상이라 생각하면 또 다른 엉뚱한 일이 터졌다. 사랑하고 질투하고 미워하고 거짓말하고 어떤 이를 왕따 시키기도 한다. 노골적이다. 숨기거나 참지 않는다. 곧 다가올 우리 모습이라 생각해서 그랬던 걸까. 이미 내가 아닌데 그런 나를 누군가가 지켜본다는 게 현실이 되는 거니까. 아직은 내가 그렇게 되는 것보다 그렇게 된 나를 누군가가 지켜본다는 생각을 하면 더 무섭다. 결국 내가 그렇게 되는 것보다 더 무서운 일은 없을 터인데, 말도 안 되는 걱정이다.

내가 실습을 끝낸 다음 얼마 안 있어 다른 실습 팀으로부터 매일 딸기우유를 사다 주던 할머니가 돌아가시고 나서 애틀랜타 공병학교 할아버지가 바로 돌아가셨다고 들었다.

호스피스를 하면서 명동 성당에서 장례관리를 배워보려고 했던 적이 있다. 우리는 사람이 죽으면 노잣돈이라며 관 속에 동전을 넣어주는데 서양 사람들도 염습을 할 때 망자의 양 쪽 눈에 동전을 덮는다고 한다. 그리스 신화에 저승에 들어갈 때 맨 처음 만나는 슬픔의 강 '아케론'을 건너려면 뱃사공 카론에게 동전 한 닢의 뱃삯을 주어야한다는 이야기가 나온다. 뱃삯을 내고 슬픔의 강 '아케론'을 건너면 망자는 이승의 모든 슬픔을 잊게 된다. 마지막 망각의 강 '레테'에 이르면 모든 영혼은 저승에 들어가기 전 이승의 일을 다 잊기 위해 강을 건너기 전 이 강물을 마신다. 어쩌면 치매는 아직 이승에 있으면서, 죽어서 저승으로 들어갈 때 모든 슬픔을 다 버리고 간다는 첫 번째 강 '아케론'을 건너, 마지막 망각의 강 '레테'를 건너기 전에 마신다는 그 망각의 강물을 미리 마시는 일인지도 모른다.

어머니가 세상 버리고 떠날 때 여덟 살이던 막내가 마흔 다섯에 세상을 놓았다. 어머니는 저승 문 앞 '슬픔의 강' 가에서 두 손에 동전 한 잎 씩 꼭 쥐고 막내를 기다리고 있었을까? 난 가끔 이제는 나보다 어린 어머니가 다 버리고 떠난 게 미안해서, 힘들었을 큰 딸을 잊지 않으려고 망각의 강 앞에서 기다리고 있을지 모른다는 생각을 한다. 슬픔의 강, 비탄의 강을 지나 플레게톤에서 '비통'과 '시름'을 불로 다 태우고, 증오의 강 '스틱스' 너머 망각의 강 '레테'를 건너기 전, 어떻게든 강물을 마시지 않고 막내 손 꼭 잡은 채 나를 기다리진 않으실까?

— 2018년 10월

시간의 길

부활절 다음 날, 영은이가 톡으로 제 엄마 어릴 때 사진 한 장을 보내왔다. 피바디 음대에서 석사를 끝내고 박사를 시작할 다른 도시로 이사할 준비를 하다가 책 속에서 제 엄마 소녀 때 사진을 찾았다고 한다. 사진 아래로,

"나 짐 정리하다가 이거 찾았어. 오페라 책 꺼냈다가 페이지가 딱 펴졌는데 사진이 뿅! 오잉, 엄마다."
"부활이니까 엄마 좀 보게 해 달랬더니 사진이 뿅 나왔네."

예쁜 글씨로 '친구들과 꽃마을에 갔을 때'라고 적혀있는 뒷장도 찍어 보내며,

"뒤엔 이렇게 쓰여 있어."

잠시 띄운다. 울고 있는 모습이 눈에 선하다. 얘는 제 엄마 얘길 할 때 나만큼이나 잘 운다.

"신기하다. 원래 안 보는 책이어서 사진을 꽂아놨을 리가 없는데, 아니, 아예 사진을 책에 두지 않는데, 어떻게 이 사진이 있지."

"그러게. 어린 엄마구나. 네 엄마는 내 엄마보다 좋은 엄마네. 사진도 보여주고. 6일 생일 미사, 12일 기일 미사, 언니랑 다녀왔다."

"나도 미사 다녀왔어."

"근데 넌 언제 자니?"

"난 원래 한시 돼야 자니까 아직 시간 많아."
"엄마한테 고맙네. 이젠 꿈에도 잘 안 나오니까 '이번엔 부활도 가까운데 한번 오시죠' 했거든. 근데 사진을 보여주네."

"엄마가 '시간의 길'로 영은이한테 사진 주려고 왔나보다."
"이모도 네 엄마 보고 싶었는데, 고맙다, 예쁜 엄마사진!"

"응 이모(빨간 하트)"

다음날 영은이는 부활절에 성당에서 부른 노래를 보내왔다. "무슨 노래를 불렀는지 궁금할까 싶어서"라며, 부활 성야미사는 밤 11시에 노래를 불러야 해서 힘들다고 했다. 덜 잘 불러도 감안해 달라는 거다.

'아이가 언젠가 꼭 볼 오페라 책에 가장 예쁜 사진을 넣어두었구나' 하면서도 내 마음은 영은이 말을 믿고 싶다. "부활절이니까. 한 번 오시죠" 했더니 온 걸로. 영화 〈인터스텔라〉에서 블랙홀 속으로 떨어져 테서랙트(Tesseract)로 들어간 아버지 쿠퍼가 딸 머피에게 양자역학 데이터를 전달하기 위해 중력을 이용해 시간과 공간을 뛰어넘어 과거의 모래폭풍이 불던 날로 돌아가는 것처럼. 그렇게 성간(星間)을 지나 시간의 길을 따라 돌아갈 수 있다면. 그 아이에게 쿠퍼가 시간의 길로 와서 우주로 떠나는 그 자신에게 말한 것처럼 '가지 마(Stay!)'라고 말할 수 있다면.

내가 '시간의 길'을 반복해 명상하고 있을 즈음 어느 날, 딸아이가 하는 라디오 방송을 들었다. 딸은 증상과 치유에 관한 이야기를 하고 있었다. 그 이야기 중에 '시간의 길'이라는 말을 하고 있었지만 잘 이해할 수 없어서 방송에서 말한 그 '시간의 길'이 〈인터스텔라〉의 '시간의 길'과 같은 건지 물어 봤더니 같은 거라며 메일 한 통을 보내왔다.

딸이 처음 '길'이라는 단어가 눈에 띈 건 프로이트의 『정신분석학 강의』(1916-1917) 제 23장의 제목인 「증상이 형성되는 길」 때문이었다고 한다. 여기서 길은 한 사람이 쓰는 자신에 대한 '이야기'를 뜻하는데, 증상은 언제나 그 사람이 무의식적으로 오래 준비한 길이라고 했다. 그 길 위에서의 시간은 언제나 과거로 흐르며 방향은 반대지만 선형적으로 흐르는데 그 증상을 치유하는 일 역시 시간의 길 위에서 이루어지는 게 아닐까하는 생각이 들었다고 한다. 치유는 증상형성과 반대로 거꾸로 흐르는 시간의 길 위에 올라타 그 방향을 바꾸어내는 일이기도 하다는 것이다. 그것은 나에 대한 새로운 이야기를 만드는 과정인데, 나를 관찰하고 돌본다는 건 내 마음의 이야기를 진심으로 들어준다는 것이라 한다. 그리고 이 역시 '이야기'와 관련되는데 그 이야기 속으로 들어가 대화를 시작하면 치유적 의미에서 '시간의 길'이라는 마술의 문이 열린다고 한다. 그 문으로 들어가는 순간, 우리는 과거, 현재, 미래가 자유롭게 공존하는 세상을 만나게 된다는 것이다. 그리고 그 공간에서 만들어진 이야기는 시제들 속의 사건들을 바꾼다고 한다. 딸은, 매 순간의 나와 대화하는 길, 그렇게 할 수 있는 길이 바로 시간의 길이고, 그 여정에서 우리가 치유된다고 말했다. 그래서 시간의 길이란 우리의 가장 좋은 친구, 바로 우리 자신을 만날 수 있는 길이기도 하다는 것이다.

처음 수필을 쓰겠다고 생각했을 때는 동생이 너무 보고 싶어서 어떤 식으로든 그 마음을 풀어놓고 싶어서였는데, 몇 년이 지나도 그 아이에 대한 그리움 때문에 편하게 글이 나오지 않았다. 색채관련 이야기들을 쓸 때는 전문적인 지식을 대상에 대입하고 나열하는 식의 기계적인 작업이어서 어지간히 마음이 혼란스러워도 글이 되었었는데, 수필을 쓰려고 책상에 앉으면 내 속에 가득 차오르는 슬픔과 회한을 어떻게 풀어나가야 할지 그 감정들을 감당할 수가 없었다. 이삼 년을 그렇게 보내고 나서 도무지 글이 될 것 같지 않아 잠시 쉬었지만 아무 것도 정리되지 않았다.

엄마와 막내 동생, 두 사람을 명상하다 어느 날 문득 '눈물 항아리(tear pot)'가 떠올랐다. 딸아이를 먼저 보낸 엄마가 날마다 울고 또 울다가 어느 날 꿈에 무거운 항아리를 진 딸을 만난다. 무거운 항아리를 지고 힘겨워 하는 딸에게 연유를 묻자 딸은 엄마가 너무 울어서 그 무거운 눈물을 지고 다니느라 힘들다고 한다.

막내 동생이 가고 이제 십년이 지났다. 조카들도 다 어른이 되어 제 엄마 큰언니인 나보다 더 의연하게, 노래도, 공부도, 사람을 만나 친구가 되는 일도 다 잘하고 있다. 내가 문제인데, 이제 그 아이를 보내야 할 텐데 잘 안 된다. 겨우 추스르고 견디다가 자칫 돌아가면 마치 위통이나 두통처럼, 아니 어떤 때는 정말 춧대뼈에 바람이 든 것처럼 바스라 질 듯한 통증 때문에 뒹굴기도 한다. 오래 전 그 아이가 가고 얼마 지나지 않았을 때, 너무 아파서 뼈 속으로 날카로운 바람이 지나가는 것처럼 아프다고 했더니 류마티스 내과 의사는 무슨 말인지 못 알아듣겠다고 했다. 사람을 만나는 일도, 사람을 떠나보내는 일도 억지로는 안 되는 모양이다. 벌써 밤 열두시가 넘었다. 새벽에는 위령의 날 미사에 가려고 한다. 그 아이가 연미사를 드릴 때면 늘 옆자리에 와 앉는 엄마를 보던 것처럼, 시간의 길로 그렇게 가만히 걸어와서 내 옆 자리에 잠시 앉았다 갈 순 없을지.

— 2017년 11월 1일

겨울에 피는 감자꽃

새말에서 고속도로 공사를 하고 있었다. 지나갈 수 있는지 물었더니 평창은 옆길로 나가서 방림으로 넘어가면 빠르다고 하며 길을 가르쳐주었다. 방림 쪽으로 제대로 된 도로가 나기 전이었다. 공사장에서 일하는 이가 너무 쉽게 얘기해서 별 생각 없이 가르쳐준 대로 고속도로에서 나가 옆길로 들어섰다. 빠르다고 하니까. 딸아이도 함께여서 동생도 조카들도 빨리 보려고 한 선택이었다, 산이 그렇게 높은 줄 모른 채.

금세 산길이 나왔다. 산이 직선으로 넘어가기에 너무 높고 가팔라서 오른 쪽 왼 쪽으로 돌면서 올라가고 있었다. 마주 오는 차를 한 대도 못 만났지만 그래도 나는 모퉁이를 돌 때마다 경적을 조그맣게 계속 울리면서 올라갔다. 거의 정상 가까이 왔을 성 싶을 때 교행이 될 정도로 길이 넓은 곳이 나왔다. 긴장도 풀 겸 차를 길옆에 세우고 내려서 아래를 내려다보았다. 아득했다. 천 길 낭떠러지가 이런 건가 싶었다. 우리가 있는 곳이 너무 높아 무서웠다. 다시 차에 타고 한 5 분이나 더 올라갔을까 갑자기 길옆에 다 부서진 차가 나타났다. 크기는 작지만 그래도 산 속 외진 길가에 망가뜨려서 버리기엔 비싼 차였다. 뭔가로 일부러 부순 것 같았다. 더 무서웠다. 창문을 올리는 나한테 중학생 딸이 말했다. "그거 올리면 좀 나아요?" 엄마가 겁먹고 있는 걸 다 알았던 거다. 그렇게 방림으로 산을 넘어가자 얼마나 긴장을 했던지 맥이 다 풀렸다. 평지에 내려가서 밭들 사이로 들어서자 딸이 잠시 쉬어 가자고 했다. 옆 조수석까지 내 심장 뛰는 소리가 들렸나 싶었다. 차에서 내려 들판을 둘러보다가 저만치 산 아래로 꽤 넓은 면적의 밭이 하얀 색으로 덮여 있는 걸 보았다. 감자밭이었다. 흰 꽃이 가득한 밭들이 멀리서 보기에 거기에만 눈이 내린 것 같았다. 그제야 마음이 좀 편해졌다.

막내 동생 프카(프란체스카)는 몸이 안 좋으면서도 봉사도 하고, 성가대 지휘며 반주도 하고 있었다. 중환자실 간호사이던 동생은 의사인 남편과 함께 주말에 시간을 내어 거동이 불편해 병원에 오지 못하는 외딴 곳에 사는 결핵환자들을 찾아다니고 여기저기 제 손이 미치는 데는 어디든 뛰어가서 필요한 도움을 주려고 애

쓰며 살고 있었다. 동생은 몸으로 할 수 있는 일도, 기도로 할 수 있는 일도 늘 최선을 다했다. 그 때만 해도 아직 잘 견딜 때라 우리가 평창까지 놀러도 다녔다. 우리 셋 중 엄마를 제일 많이 닮아서 무슨 일이든 의욕이 남달랐고 또 예뻤다.

그러나 사람의 일이란 게 그렇듯 때로는 우리의 기도와 다르게 흘러가기도 하는 것인지 그렇게 20여년이 흐르는 동안 건강도 모든 관계들도 다 악화되는 상황이 오고 말았다. 평창의료원에서 강릉으로 옮겨 병원을 개업하고 산지 한 십년이 넘었을까, 어느 날 새벽 "큰언니, 이제 더는 나 말리지 마. 죽을 것 같아. 정말 안 되겠어. 아버지한테 나 집 사주라고 좀 해줘" 하더니 전화를 뚝 끊었다.

그날은 내가 혼자 가지 않고 성공회 수원 성당에 들러, 따라나서는 제부 신부님(성공회는 사제가 결혼을 한다)을 떼어 놓고 데레사를 태우고 고속도로 입구로 가면서 아버지께 전화를 드렸다. "아버지, 막내 집 사주셔야겠어요. 아무래도 안 되겠나 봐요." 내가 황망 중에 드린 전화지만 자식이 셋이나 더 있는데 막내라니. 그래도 아버지는 "알았다. 원하는 대로 해 줘라, 어두운데 조심하고", 그렇게 말씀 하셨다. 그동안 그 아이가 밤중에 불러대면 그길로 뛰어나와 혼자 수없이 다니던 새벽 안개길이었는데 그날은 정말 내 차가 새벽 대관령의 안개를 질질 끌고 가는 것 같았다. 옆에 앉은 박 데레사는 아무 말 하지 않고 강릉에 도착할 때까지 내내 울었다. 몸 덜 아플 때, 진작 원하는 대로 하라고 할 걸, 후회하고 또 후회했다. 그러면서도, 또 정신은 멀쩡한데 심장이 멎으면 에피네프린 주사는 누가 놔주나, 어쩌나 어쩌나 하면서. 그 때가 막내 동생이 세상 버리기 딱 한 달 전이었다.

겨울인데 내 발코니 정원에는, 초여름에 꽃이 지고 나서 뽑아버린 한련이 뿌리가 남아 있었는지 싹이 나오더니 가느다란 줄기가 자라는 대로 이파리가 무성해져 있다. 이제 노란 꽃이 버팀대를 돌아 올라가면서 자꾸 핀다. 감자를 너무 많이 샀는지, 매일 몇 개 씩 먹는데도 한 두 개 씩 싹이 나오기 시작해서, 싹 난 감자 몇 개를 여름에 꽃을 보던 한 해 살이 화초들 뽑아낸 자리에 갖다 심었다. 여름처럼 자라기엔 애로가 많은지 감자 싹이 한참을 그대로 있는 것 같았는데, 어느 날 물 좋아하는 레몬밤을 챙기러 나가봤더니, 못 본 새 보라색 감자 싹이 푸른 잎의 무성한 가지로 자라서 가지 끝 잎사귀가 몰아 난 가운데 꽃망울이 옹기종기 맺혀 있었다.

어쩌면 이 겨울에 흰 감자꽃을 볼 수 있을지도 모르겠다 싶었다. 한 겨울에 감자꽃이라니. 너무 어렵게 살지 말자 했는데 또 무슨 쓸데없는 일을 시작한 건가하고 후회가 된다. 감자한테도 힘든 일일 테니 말이다. 한련이 피면 감자꽃도 필 수 있지 않을까 싶긴 한데.

다시 병원으로 돌아가고 싶어 했는데, 못 살겠다고 했는데, 진작 그렇게 죽을힘을 다하지 않아도 숨 쉴 수 있는 곳에서 살라했어야 했다. 자꾸 조금만 더, 그 때 쯤은, 고 3인 작은 아이 대학 갈 때까지 만이라도 견뎌보라 했다. 그러다가 그 아일 그렇게 보내놓고, 난 그 버릇을 못 버리고 지금 이 겨울에 여름 식물한테 또 어떻게든 죽지마라, 꽃피우라 억지를 부린다.
그날 방림으로 산을 넘어간 날, 평창에 도착한 딸아이와 내가 하얀 꽃 가득 핀 감자 밭 얘기를 했을 때다. 막내 동생 박 신영(방울소리 鈴) 프카가 "그 산 속을, 큰언니 미쳤나? 내 조카까지 태우고!"라며 얼굴엔 웃음을 가득 담고 나를 야단쳤다. 우리 집은 우리 셋 중, 나보다 열여섯 살 어린 막내가 늘 대장이었다.
이 겨울에 감자 꽃을 피우려 하다니. '큰 언니 미쳤나?' 제 이름에 들어있는 방울이라도 굴리듯 맑게 울리는 목소리가 들리는 것 같다. 항염증제로는 스테로이드보다 더 잘 듣는 약이 없었다. 검증도 안 된 스테로이드라 어떻게든 끊어보려고 줄였다가는 늘이고 또 줄였다 늘이던 천식 치료가 늘 안타까웠던 내 동생, 생각할수록 아프다. 딸은 그의 열한 번째 책 『아주 사적인 신화읽기』에서 "과거를 구하는 유일한 방법은 뒤돌아보지 않는 것"이라고 했다. "앞만 보고 걸어가면 언젠가 현재 속에서 생생한 과거를 만나게 된다"는 것이다. 감자 꽃이 정말 피려나, 이 겨울에?

— 2018년 12월

남아있는 날들

식재료를 보내주는 합천의 안젤라씨가 싱싱한 무청이 가득 달린 동치미 무 한 상자를 보내셨다. 여름에는 양파와 감자, 겨울에는 들깨, 녹두, 콩 같은 농산물을 사먹는데, 가끔 주문하지 않은 못 생긴 고추나 가지 거친 잎채소 등, 계절 야채도 부쳐주신다. 작년에는 큰 무를 꽤 여러 개 보내왔었는데, 올해는 예쁜 동치미 무를 보내셨다. 손 관절이 걸핏하면 부어올라 최근 몇 년 동안 김장은 생각도 못했다. 해마다 부산서 정임이 "엄마 김치 먹고 싶지?" 하며 보내는, 젓갈이 흠뻑 들어간 김치부터, 산속 텃밭에서 키운 배추와 손수 기른 재료들로 가타리나 선생님이 담아주신 김치까지, 많이도 얻어먹었다.

사실 사이사이 사서 먹는 김치를 반은 버리는 게 그래서, 올해는 김장(?)을 몇 포기라도 담가볼까 하는 생각을 하긴 했다. 손이 웬만큼 견뎌주고 있어서인지도 모르겠다. 이웃이 보내준 금방 속을 넣은 배추김치가 고소해서, 배추를 세포기 사 달라고 했다. 그래놓고는, 또 너무 적어서 혹시 배추 값을 안 받으면 어쩌나 싶어 다섯 포기를 보내 달라고 했다. 안젤라씨 농장의 동치미 무가 온 다음날, 깨끗하게 다듬은 배추 다섯 포기가 택배로 왔다. 그이는 배추 값도, 택배비도 받지 않았다. 강원도에서 배추농사를 하는 동생이 받지 말라고 했단다. 나도 언젠가 무언가로 갚을 날이 있겠지 한다.

이제 벌써 무가 온지 이틀이나 되고, 배추 다섯 포기도 빨리 어떻게 해야 하는데, 동치미도, 김치도, 엄두가 안 난다. 그렇지만, 무도 배추도 와있는데, 이제 와서 포기하기도 그렇다. 올해도 정임이 일찌감치 보내준 큼직큼직하게 썰어 담근 무김치가 맛있게 익어서 급한 건 아니지만, 떡 본 김에 제사 지낸다고, 김장 재료가 다 있으니 담가볼 수밖에.

고등학교 때인지 비가 많이 왔을 때, 눅눅한 방바닥을 말리느라 어머니가 연탄을 때셨는지, 동생과 같이 자다가 연탄가스에 중독되었다. 가슴이 답답하고 속이 메슥거리면서 정신이 들었는데, 어머니가 업고 내려 오셨는지 마당에 쌓여있던 모래더미에 누워 있었다. 그 기분 나쁜 축축함이라니, 지금 생각해도 몸이 으스스해진다. 어머니는 나를 가슴에 안고 동치미 국물을 입에 흘려 넣으면서, 연신 "아까워서 어쩌나. 이제 다 키웠는데."하고 사설을 늘어놓다가, 울다가, 하느님을 부르다가, 난리도 아니었다. 전에 우리 집에서 살다 그때 다시 아래층에 잠시 와있던 간호사 언니는 동생을 안고 동치미 국물을 얼굴에 들이부으며 정신 차리라고 소리를 질러대고 있었다.

간호사 언니 말로는 그래도 내가 정신을 잃기 전에 밖으로 나와 "엄마"하고 소리를 질러서 식구들이 뛰어 나왔다고 했다. 가슴이 답답해 괴로워하다가 바닥으로 떨어지면서 정신이 들어, 엄마를 부를 수 있었던가 보았다. 어쨌든 우리 자매는 동치미 국물의 유황성분 덕분인지, 어머니의 하느님 때문인지, 죽지 않고 살아났다.

싱싱한 무청이 달린 동치미 무에서 줄줄이 매달려 나오는 어머니 생각, 동생 생각에, 연탄가스에 중독 될 일은 없겠지만, 그래도 예쁜 무를 다 나눠주기보다는 동치미를 담그는 쪽으로 마음을 정했다. 크지 않은 동치미용 항아리에 웬만큼 채우고도 남을 것 같아, 무 몇 개는 신문에 싸서 박스에 넣었다. 무를 씻어서 젖은 채 소금에 굴려 항아리에 담아두고, 배추는 얼지 않게 박스 뚜껑만 닫아서 식구들이 눈치 채지 못하게 베란다 옆으로 밀어두었다. 제대로 도와줄 줄도 모르면서, 뭐만 하면 둘이 쌍으로, 나가서 먹으면 된다고 난리들을 해대니, 손이 부어오른 게 눈에 띄었다가는 동치미는커녕 배추도 어디로 갈지 모를 판이었기 때문이다.

다음날 쫓다시피 다 내보내고, 배추를 씻어 절였다. 일고여덟 시간 안에는 안들 들어올 거라는 계산으로 속 꺼리와 강굴을 사왔다.

예습에, 마감이 얼마 남지 않은 글빚에, 항상 바빠 쩔쩔매는 이 양반들이 '힘들어'를 주문 외듯이 입에 달고 들어와서는, 씻자마자 자러들 들어갔다. 헹궈서 물을 빼놓은 배추 겉대가 제법 좋아 보여 보쌈김치를 하면 좋을 것 같았다. 썰어서 소금에 절여둔 무와 줄기 쪽 배추를 양념에 버무려 작은 주발에 겉대를 깔고 세워 담았다. 사이사이 배와 단감을 넣고 썰어놓은 대추와 잣은 위에 얹어 이파리를 당겨 덮어주면 되었다. 한 끼 먹을 정도의 양으로 마흔 개 정도를 싸서 통에 차곡차곡 담고 큰 이파리 몇 개를 위에 얹으니 김치 통이 찼다. 쌈 먹을 속대를 따로 좀 빼고 남은 배추는 찢어서 양념과 버무려 겉절이 한 통을 했다. 배추속대 쌈을 먹을 김치 속도 작은 통 하나에 담아 두었다. 쌈김치는 부엌 뒤 베란다에 내다 놓고 겉절이는 익지 말라고 바로 냉장고에 넣었다. 식구들이 좋아하는 겉절이는 과일을 좀 뺐어야 했는데 보쌈김치 양념을 그대로 넣어서 너무 빨리 익지 않을까 잠시 걱정 되었지만, 혼자 하려니 다섯 포기도 힘들어서, 나중엔 해치우다시피 했다.

며칠 후, 무가 절면서 생긴 항아리 아래 쪽 공간에, 가을에 담가둔 매운 고추와 마늘, 생강, 쪽파, 배를 깔고 소금물을 부어주었다. 한 열흘 익힌 동치미를 냉장고에 넣었다가 국물이 시원해진 다음에 아침식탁에 딸이 구운 고구마랑 같이 냈더니, 남편과 딸, 둘 다 엄마가 한 동치미 오랜만이라며 잘 먹는다. 내일 아침에는 적당히 익어서 냉장고에 넣은 보쌈김치를 내도 별로 난리 칠 것 같진 않다.
낼 모레면 만 70이 된다. 내게 남은 날이 얼마가 될지 모르지만, 바람이 있다면, 건강이 이 정도로만이라도 유지되었으면 하는 것이다. 그렇잖아도 바쁜 두 식구가 나를 돌보느라 또 시간을 쓰면 안 될 것 같아서이다. 서너 해 전 딸이 첫 연구년을 받았을 때, 하필 내가 많이 아팠다. 좀 편하게 살라고 내보냈는데, 그때 나가 살던 딸은 새벽 다섯 시면 와서 아침 준비를 했다. 그해 겨울, 기온이 영하 18도이던 날도 먹을 게 있으니 제발 오지 말라는 내 말을 듣지 않고 그 새벽에 기어이 현관문을 열고 들어섰다. 딸은 연구년 한 해를 그렇게 보냈다. 다시 그렇게 만들고 싶지 않은데, 더 아프지 않게 해달라는 기도가 딸을 위한 기도라 생각하면서도, 그 기도도 자주 잊어버린다. 조금 덜 아프긴 한가 보다.
벌써 12월이다. 이제, 몇 십 년 동안 못 보내고 있는, 나보다 스무 살은 어린 엄마와, 떠난 지 벌써 십년이 다 된, 보고 싶어 많이도 울었던 막내 동생 박신영을 보내려고 한다. 나도 남아있는 날이 그리 많지 않을 터, 내가 살아온 날들도 돌아봐야 해서다. 그리고 그 아이가 세상 버린 후 덮어버렸던 한 장 남은「탈출기」(Exodus)를 마저 쓸 생각이다. 그래야 나도 다음 장으로 넘어갈 수 있을 거 같아서.

— 2017년 12월

그리고 고향의 노래
전람회의 그림

野峴 최태용 전, 〈길에서 線을 찾다〉를 천천히 돌아보았다. 최 선생님의 맑은 수묵화 작품들과 그 그림들 거의 전부에 빠지지 않고 들어있는 테라코타의 따뜻한 느낌이 내 눈엔 좋았다. 그분이 건축가이기도 하다는 경력 때문이었는지 오 교수님과 헤어져 오는 동안, 그림을 볼 때 떠올랐던 무소륵스키의 〈전람회의 그림〉이 계속 마음에 남아서 그 느낌을 놓지 않으려고 차를 타지 않고 좀 더 걸었다.

건축가이며 화가이던 절친 빅토르 하르트만이 요절하자 무소륵스키는 그의 추모 전시회에 걸린 작품들을 보고 열 개의 주제로 피아노 독주곡을 만든다. 바로 그 작품이 〈전람회의 그림〉인데 나는 개인적으로 라벨의 관현악 편곡을 좋아한다.

미술대학 입시를 준비하던 동생이 입시가 일 년도 안 남은 시점에 음대로 진로를 바꾸었다. 그 동안 첩들이 들락거렸어도 어머니를 형님으로 대했었는데 다른 첩들과 달리 아이 업고 들어왔던 그녀는 결국 어머니를 돌아가시게 했다. 그녀는 어머니가 세상 버린 다음 자기 언니와 같이 와서 마당에 꿇어앉아 죽을죄를 지었다며 용서해 달라고 하더니 얼마 후 다시 우리 집으로 들어왔다.

비틀스의 존 레논이 오노 요코에 미쳐서 그녀를 집으로 불러들였을 때 동료인 폴 메카트니가 레논의 아들을 위로하려고 만든 〈헤이 쥬드〉라는 명곡이 있다. 별로 위로가 되지 않았다. 기숙사 친구들과 명동 성당 맞은편에 있던 '크로이첼'에 거의 매일 가서 한 두 시간씩 음악을 듣다 오고, 그때만 해도 귀하던 세종문화회관의 연주회에 자주 갔지만 동생이 성악과로 진학하는 건 싫었다. 그때는 피아노 소리와 찬송가 소리에 치를 떨었으니까.

그런 판에 동생이 성악을 하겠다고 선언했고 내가 반대했다. 아버지 첩이 노래를 하는데 성악과라니 미친 줄 알았다. 그림 공부를 오래 해왔고 그 쪽으로 소질도 있어보여서 개인지도를 해주던 미술 선생님도 아까워했는데. 원래 한 고집하는 동생은 주말마다 서울로 레슨을 받으러 다니더니 성악과에 입학했다.

그 후, 40년도 더 넘게 노래를 부르던 내 동생 박데레사는 화가의 꿈을 접을 수 없었던지 어느 날 예술의 전당 미술 강의에 등록하면서 다시 그림공부를 시작했고 결국은 화가가 되었다. 나는 동생이 그린 모네 풍의 풍경화도 누드화도 다 좋아한다. 그 오랜 세월 동안 동생이 일 년에 몇 번씩 연주회를 할 때마다 내가 갖다 바친 꽃이 한 트럭은 넘지 싶다. 심지어 편도선 수술을 하고 퇴원한 다음 날 있던 연주회에도 꼭 와야 된다고 해서 여의도까지 운전해서 꽃다발을 들고 갔다. 편도선염이 낫지 않아 수술을 받은 직후 부어오르는 목을 가라앉히느라 동생이 1 리터짜리 아이스크림을 몇 통이나 사다가 쉴 새 없이 먹이긴 했다.

지금은, 동생이 그린 유화작품을 내 휴대폰 배경화면으로 바꿔가며 넣고 다닌다. 문득 그런 생각이 든다. 어떻게든 그림을 하는 게 맞았다는 말을 하고 싶은 건가?

그런데 동생은 지금도 노래를 하고 있고 그것이 일상이라 그림에서 성악전공으로 바꾼데 대한 시비를 하기는 좀 그렇다. 그런데도 성악을 한 건 못마땅하다. 저한테 지는 내 고집이지만 그래도 옛날 생각을 하면 밉다. 성악공부를 하는 동안 동생은 내가 좋아하던 남학생 이름이 가사에 들어있는 이태리 가곡을 종일 부르고 다니면서 나를 놀리기도 했는데 노래 숙제를 하는 거라 어쩔 수가 없었다. “루제도제 오도라 제” 뭐 그렇게 시작하는 곡이었는데 가사 속에 그 남학생 이름과 성이 다 들어있다. 얼마 전, 내가 혼자 흥얼거리고 있었더니 동생은 노래는 기억하는데 노래 제목은 기억나지 않는다고 했다. “그 노래 〈레 비올레떼〉야”, 일 년 반 만에 다니러 온 성악을 공부하는 조카 영은이가 제목을 가르쳐주었다. 노래도 불러주면서. 그 노래는 알레산드로 스카를라티[8]의 〈레 비올레떼〉(제비꽃)였다.

그러나 음악을 했다고 미워할 수만도 없는 게 막내 동생도 세상 떠나기 얼마 전까지 오래 성당 성가대를 지휘하고 반주를 했다. 막내 동생의 두 딸이 다 성악을 전공했고 아직 박사과정을 끝내지 못하고 있는 큰 아이 영은이는 화려한 기교를 발휘하는 콜로라투라 소프라노이다. 우리는 카카오 톡에 그 아이를 '프리마 돈나'로 입력하고 있다. 영은이는 새 오페라의 프리마 돈나를 맡으면 내게 공연 전 드레스 리허설 동영상을 보낸다. 딸아이도 공부하는 동안 셰필드 시내에 있는 주교좌성당의 성가대에서 소프라노를 했다. 귀국해서 서울에서 네 대학, 성남과 강원도 춘천까지 여섯 대학에서 일곱 과목을 가르치는, 극한직업 강사 생활을 하는 동안, 명동성당 로고스 합창단의 소프라노로 몇 번의 공연을 했다. 그래서 이제는 동생이 성악을 했다고 뭐라 할 수가 없긴 하다.

한 십년 전만 해도 동생과 나는 가을이면 〈가을맞이 가곡의 밤〉 같은 연주회를 자주 다녔다. 가을에 하는 〈가곡의 밤〉 연주회에

8. 알레산드로 스카를라티(Alessandro scarlatti, 1660~1725), 바로크 시대의 이탈리아 작곡가. 스카를라티 집안의 많은 스카를라티가 작곡가, 지휘자, 오페라 가수 등 음악가들이다.

는, 가사에 '국화꽃'과 '함박눈'이 나오는 〈고향의 노래〉가 늘 들어 있었다. 동생이 내가 마스카라를 칠했음을 거듭 주지시키는데도 노래 시작과 동시에 울컥하기 시작해서 끝날 때쯤은 통곡을 한다. 지금 돌이켜보면 '고향 노래'를 핑계로 참고 있던 울음을 다 울려고 일부러 가을 〈가곡의 밤〉을 찾아다녔는지 모른다는 생각도 든다.

어릴 때 동생은 걸핏하면 커다란 눈에서 눈물이 툭 떨어지곤 했는데, 나는 좀 매정한 편이어서 눈물을 잘 흘리지 않는 아이였다. 울 일이 별로 없어서 그랬는지도 모른다. 그런데 어른이 된 다음은 이야기가 전혀 다르다. 걸핏하면 운다. 그 중에 특히 〈가곡의 밤〉은 늘 문제였다. 어머니 별세 미사를 드릴 때는 남편이 같이 가서인지 웬만큼 참고 잘 안 우는데, 〈고향의 노래〉가 나오면 통곡을 한다. 참다가 통곡은 연주회가 끝나고 하지만 눈 화장은 이미 초상난 꼴이다. 아마 그 '고향'이 아버지이고 어머니이고 행복했던 내 어린 시절이어서 그렇지 않았을까? 그 행복을 빼앗은 그녀는 행복할까? 그녀도 나처럼 가끔 울까?

지금은 동생이 〈가곡의 밤〉에 나를 데려가지 않는다. 대신 우리는 가끔 인사동에서 만나 갤러리 두어 개를 돌면서 전시회를 보고 경인 미술관에 들러 동생이 좋아하는 뜨거운 대추차를 같이 마신다. 뜨거운 걸 잘 못 먹어서 종종 입천장을 데는데도 지금은 나도 인사동에서는 대추차다. 나이 들어서인지, 바로 마음에 와

닿아 나를 흔들어 놓고 마는 가을맞이, 봄맞이 〈가곡의 밤〉보다 무소륵스키의 〈전람회의 그림〉에 나오는 '프롬나드(산책)'처럼 천천히 돌아보는 전시회에 가는 것이 좋다.

— 2018년 11월

스테로이드

온 몸의 뼈들이 박하사탕처럼 바람이 들었는지 움직일 때마다 바스러질 것 같았다. 아픈 무릎 때문에 움직이기가 힘든데 낮보다 밤에 통증이 더 심했다. 몸살기도 있는지 팔꿈치와 원래 안 좋던 손가락 관절까지 쑤셔서 잠이 완전히 깨지도 못하고 통증 때문에 뒤척이는데 오른 쪽 무릎이 많이 아팠다.

땀을 흘려 축축해진 베개 때문에 한기가 들어 잠이 깼다. 자다가 가끔 숨이 막힐 때가 있어 얼마 전부터 방의 겉창과 안창을 조금 열어놓고 자는데 찬바람이 들어와 젖은 베개를 차게 한 모양이었다. 암막 커튼을 쳐서 방안이 깜깜한데 온 몸이 아프니 이러다 죽는 건 아닌지 무서웠다. 팔이 아파서 침대를 짚고 일어날 수가 없는데 서재 쪽으로 고개가 돌려지질 않아서 남편을 부를 수가 없었다.

여름동안 껍데기만 덮고 자던 이불에 속을 넣어 월동 준비를 했는데, 무거워진 이불 때문에 움직이려고 해도 도무지 운신을 할 수가 없다. 침대 밑으로 반 쯤 떨어진 이불을 팔로도 다리로도 끌어올릴 수가 없는데 어떻게 애를 쓰다가 근근이 옆으로 기어서 일어났다. 아픈 무릎을 손으로 붙들고 다리를 바닥에 내려놓았다. 겨우 걸어서 불을 켜니 한 시가 좀 넘었다. 그런데 어둠 속에서보다 통증이 오히려 더 생생하다.

십오 년 전 쯤 한국색채연구소의 교수가 되면서 〈색채분석전문가과정〉 강의를 개설했을 때 처음으로 풀타임 근무를 했다. 영어를 가르칠 때보다 쉬울 줄 알았는데 그렇지 않았다. 연구소에서 매일 몇 시간 씩 색채관련 작업들을 할 즈음 대학병원에서 호스피스를 시작했고 그 때 쯤 관절염이 시작되었다. 한 동안 고생했지만 5년 정도 약을 먹고는 어느 날부터인가 거짓말처럼 나았는데, 그 동안도 멀쩡하지는 않았지만 그래도 몇 년을 좀 편하게 지냈다. 그러다 몇 년 후에 딸아이 직장에서 하는 가족 건강검진을 받았을 때 그 병원에서 류마티스 염증 수치가 열 배 이상 나왔다면서 진료를 받아야 한다고 했다.

내가 다녔던 병원의 류마티스 내과에서는 류마티스의 경우, 한 번 수치가 올라가면 나중에도 높게 나오는데, 아프지 않으면 수치는 별 의미가 없다고 해서 조금 불편했지만 참았다. 그런데 어느 날부턴가 왼 쪽 두 번 째 손가락이 많이 부어오르면서 아프기 시작했다. 다시 엠티엑스(methotrexate, 면역 억제재)와 소염진통제를 처방받았지만 두 달 이상 약을 먹어도 손가락은 점점 더 부어오르고 통증이 심했다.

오래 전, 처음 관절염 진단을 받고 스테로이드와 엠티엑스를 5년 가까이 먹으면서 머리카락도 빠지고 몸도 많이 불어 힘들 때 지금의 선생님을 만났다. 담당교수가 바뀌면서 새로 만난 선생님은 관절 상태를 관찰해가며 중복되는 약을 줄이고 엠티엑스와 스테로이드 양을 줄이다가 아주 끊을 수 있게 해주었다. 재발한 것 같다고 하면서도 류마티스라는 게 '왔다 갔다 하는 거'라고 하면서 면역억제재와 소염진통제를 처방해주었는데 소염진통제를 먹는데도 스테로이드가 빠져서인지 염증이 잡히지 않았다. 계속 아픈데도 진료날짜를 앞당겨서 병원에 갈 생각을 못하고, 소염진통제가 아침저녁 식전에 먹는 약이라 잘 잊어버려서 그런가 하고 소염진통제 챙겨 먹는 것만 신경 썼던 게 병을 키우게 된 것 같았다. 엑스레이 상으로 내 두 번 째 손가락은 손등 쪽 마디뼈가 엄지 쪽으로 2 미리 정도 녹아 있었다.

결국 면역억제제 양을 늘리고 스테로이드를 추가로 처방 받아서 먹고 있는 와중에 메르스(mers, 중동호흡기 증후군)가 돌았고, 면역억제제를 먹는 나는 방안에 갇히다시피 했다. 혹시 면역이 떨어진 엄마가 전염될까봐 딸아이가 방문객도 출입금지 시키고 있었는데 면역을 강화해도 시원찮은데 면역억제제를 먹는 내 상황이 속상해서 없던 병도 생길 지경이었다.

갑상선암 수술을 하고 일 년 후에 받은 방사성동위원소 치료 후에 집에 와서 거의 한 달가량을 스스로 방에 갇혔었다. 동위원소 치료를 받은 환자들이 바로 집으로 오지 않고 전문 병원에서 한동안 지내기도 하고 호텔에 가 있다 오기도 한다는데, 전문 병원은 몰라도 호텔에 가 있는 건 식구들 보호하려고 다른 사람을 방사능에 노출 시킨다고 생각하면 좀 그랬다. 호텔 메이드가 가임상태일 수도 있으니까. 결국 내가 생각해낸 격리 방법이 우리 집 방안에 갇히는 거였다. 동위원소 치료를 받은 다음 날 방사능이 감지되는, 내가 있던 폐쇄병동의 문 앞을 지날 때 내 몸에 들어있는 방사능 때문에 울리던 경고음에 많이 놀랐기 때문이었다. 그런데 그때보다 면역억제재를 먹으면서 갇혀있는 상황이 더 갑갑했다.

면역억제재와 스테로이드를 같이 먹으면서 손가락 뼈는 더 이상 녹지 않고 염증도 멈추었다. 손가락뼈가 녹는 바람에 놀란 선생님이 처방해준 같은 약을 몇 달 동안 계속 먹던 중에 얼굴에 솜털이 여기저기 길게 자라는 걸 발견하고는 겁이 나서 약을 줄였다. 그런데 약을 늘려 먹는 동안 웬만하던 손가락이 약을 줄인지 얼마 되지 않아 다시 붓기 시작했고 이번에는 오른 손 손가락 세 개가 아침에 일어나면 오그라져서 펴지질 않았다. 부작용이 염려

되어 약을 줄인 것이 문제였던 것 같았다.

결국은 손목과 무릎까지 아프기 시작했다. 걷는 것이 불편하다보니 거의 모든 모임과 활동을 접었다. "올해 가물어서 단풍이 붉은 색은 별로인데 은행잎은 제 색깔"이라며 "삼청동 쪽 은행나무 단풍이 멋있어 친구 생각이 난다"고 나오겠냐는 친구의 초대에 다리가 아파서 못 나간다고 했더니, 친구는 "어제 삼청동에서 만난 분은 팔에 깁스를 하고 나오고 지난 주 만난 사촌언니는 무릎이 아프다고 했다"며 "법적인 노인 연령이긴 한가보다"고 했다.

암환자보다 관절염 환자의 삶의 질이 더 떨어진다고 한다. 통증 때문일 것이다. 아파서 움직일 수 없으면 사회생활을 할 수 없으니까.

〈댈러스 바이어스 클럽〉(Dallas Buyers Club)[9]에서 사실상 사형선고를 받은 에이즈 환자의 삶이 얼마나 힘든지 보았다. 온갖 불법과 편법을 다 동원해서 약을 사려고 사력을 다하는 그들의 고군분투가 처절했다. 에이즈도 암도 말기에는 어떤 강한 진통제도 듣지 않아서일 것이다.

9. 〈댈러스 바이어스 클럽〉은 장 마크 발레 감독이 2013년에 만든 미국 영화로 방탕한 생활을 하다 에이즈에 걸린 환자가 30일 시한부 선고를 받지만 포기하지 않고, 미국 FDA가 승인한 약이 효과가 없자 미국에서 판매가 금지된 약을 수입해 자신과 다른 에이즈 환자들을 위해 〈댈러스 바이어스 클럽〉이라는 단체를 만들고 여기에 회원으로 가입하는 사람들에게 회비를 받으면서 약은 무료로 나누어주는 편법을 쓴다. 그는 7년을 더 산다.

항염증제인 스테로이드와 엠티엑스의 부작용을 걱정해서 불안한 것도 사실이다. 주위에 통풍 치료를 받다가 스테로이드 과용으로 등뼈가 녹은 분이 있다. 그 분은 스테로이드 부작용으로 신장이 나빠져서 한 주일에 두 번 신장 투석을 받으신다. 류마티스의 염증에 스테로이드 밖에 대안이 없는 이 상황이 속상하다. 그러나 생각해보면 내가 계속 고용량의 스테로이드를 먹을 것도 아니고 처방은 의사가 검사를 통해 내 상태를 보면서 하고 있으니 과용할 리 없고, 지금 내 나이가 40 대도 아니고 더구나 암환자인데, 부작용이 날 정도로 그렇게 오래 몇 십 년 약을 먹을 일도 없지 않나? 너무 오래 그것도 많이 아프다보니 돌았는지, 겁이 없어진 건지, 약으로 완화시킬 수 있는 통증이라면 너무 무서워 할 것도 없다는 생각도 든다.

류마티스가 폐와 같은 몸 속 기관의 미세 관절을 침범하면 위험하다고 한다. 친구들은 제발 스테로이드 좀 어떻게 안 먹을 수 없냐고 하고 배우 누구는 류마티스가 폐로 들어가서 돌아갔다고도 한다. 그런 식의 발전이 있을 수밖에 없는 병이라면 그것도 어쩔 수 없지 않은가. 더는 의사가 처방하는 약의 부작용을 염려하여 약을 줄여 달라고 했다가 낭패를 당하지는 않아야겠다는 생각을 한다. 내 손을 떠난 일에는 기도 밖에 할 수 있는 일이 없지 않은가? 갑자기 통증이 견딜 만하다. 너무 아파서 통증을 인식하는 내 감각에 이상이 온 건가?

— 2016년

내게 한 선물

"수술할 때 약 많이 썼어요." 갑상선암 수술을 받고, 회복실에서 정신이 들었지만 숨이 돌아오지 않아서 죽을 뻔 했다. 좀 떨어진 곳에서 두 여자가 이야기하는 소리는 크게 들리는데 숨은 쉬어지지 않고 입에 씌워놓은 호흡기 때문에 말이 되지 않았다. 죽을힘을 다해 움직여지지 않는 팔을 들어 입에서 호흡기를 떼고 살려달라고 소리를 질렀지만 내 소리는 내게도 들리지 않았다. 좀 떨어진 곳에서 말소리가 들리고 있어서 수없이 소리를 지르다 그 소리가 내게 들리자 한 여자가 '수술할 때 약 많이 썼어요.' 하고는 하던 이야기를 계속 했다. 나는 숨이 안 쉬어져서 지옥을 오가고 있었는데 그녀는 내가 아프다고 진통제를 달라고 하는 줄 알았던지 와서 내 상태를 확인하지 않았다. 계속 '숨이 안 쉬어져요'를 반복한 기억은 나지만 어떻게 병실로 올라갔는지는 모른다. 회복실의 그 여자들이 내가 숨을 쉴 수 있도록 어떤 처치를 했던 것 같지는 않다. 인격이 다 나온다는 마취에서 풀리는 동안 숨을 쉬려고 뒹굴면서 내가 무슨 짓을 했는지 어렴풋이 기억이 날 때면 괜히 남편을 향해 눈을 흘긴다. 한 번 미룬 강연이라 또 미룰 수 없다며 수술이 끝날 때쯤은 와 있을 거라고 했던 남편 때문에 내가 죽을 뻔 한 것처럼. 어떨 때는 정말 그렇게 생각할 때도 있다.

겁 많은 내가 수술 들어가면서 친구들에게 문병 오거나 연락 없으면 문상 오라고 해 둔 터라 다음 날부터 문병 오는 친구들이 하루 종일, '정신이 들었는데 숨이 돌아오지 않았어'를 되풀이하는 나의 눈물겨운 회복실 생환기를 들어주었다.

그날 갑상선암 로봇수술을 하면서 겨드랑이에서 목 가운데 갑상선까지 가는 길을 만드느라 내 왼쪽 가슴 위 피부를 들어 올릴 때 가슴 피부가 찢어졌는데, 아무도 피부가 찢어진 것에 대해 말해주지 않았다. 나중에 알았지만 남편과 딸도 "피부가 약해서 좀..."이라는 애매한 말 이외에 듣지 못했다고 했다. 내가 입원해 있는 한 주일 동안 뚫어진 가슴 부위에 드레싱 한 번을 안했다. 나는 가슴 왼 쪽이 너무 아파서 계속 뒹굴었는데 가슴 상처에 대해 아무 처치도 하지 않아서 가슴 위쪽이 아픈 게 수술 때문인 줄 알았지 생살을 찢어놓고 그냥 내버려두어서 그렇게 아픈 줄 몰랐다.

집에 와서야 가슴이 찢어져 있는 걸 알게 된 것도 황당했는데, 그 후에 더 황당했던 건 유두 옆에 진물을 빼느라 꽂았던 관을 빼는 시술을 받으러 간 날 전공의였는지 키 작은 의사는 칼로 가슴 아래 멀쩡한 부분을 괜히 푹 찔러서 또 다른 상처를 냈다. 옆에 간호사인지 돕는 이도 있었다. 왜 그랬을까? 너무 힘들어서 정신이 없었을까?

같은 날 나를 포함해 로봇 수술을 세 건인지 네 건인지 한 교수는 진료를 받을 때마다 가슴 피부 뚫어진 곳이 아물지 않는다는 말을 몇 번이나 한 다음에 성형외과에서 수술을 받으라며 컨설트를 해주었다. 수술받기로 한 날 아버지가 돌아가셔서 수술을 미루는 우여곡절 끝에 내 왼 쪽 가슴은 성형외과 의사에게, 아물지 않고 계속 열려 있는 상처의 딱딱해진 가장자리를 잘라내고 피부를 당겨서 깁는 수술을 받으면서 마무리 되었다. 수술실이 너무 추워 몸이 흔들릴 정도로 떨면서 수술을 받았다. 갑상선암 수술 후 이 병원에 다시 오지 않겠다고 결심했지만 병원을 옮기는 일이 쉽지 않았다.

한 동안 갑상선암 수술 생각이 날 때마다 화가 났다. 회복실에서 죽지 않은 게 어디냐며 마음을 가라앉히곤 하지만 모든 과정에서, 가슴 왼쪽을 찢어놓은 수술실에서도, 숨이 돌아오지 않아 지옥을 들락거리는데 아무도 옆에 오지 않던 회복실에서도, 진물을 빼던 관을 제거하러 간 진료실에서도 유린당한 것만 같은 처참함을 다스리기가 힘들었다. 암이 생긴 갑상선을 다 잘라내고, 림프절에서도 전이가 검사된 상태라 일 년 후에는 방사성 동위원소 치료를 받았다. 암세포를 다 없앴다고 하니 고마워해야 하는데 병원 근처에만 가도 화가 난다.

수술 전에 전공의가 부갑상선은 살린다며 자세히도 설명하더니, 약을 제 시간에 맞추지 못하면 몸의 뼈들이 말초부터 쥐가 나서 아프고 괴롭다고 하는데도 의사는 칼슘대사를 관장하는 부갑상선을 살리지 못했다는 말도, 살렸으니 언젠가 기능이 돌아올 거라는 말도 하지 않는다. 갑상선 호르몬과 칼슘을 처방하는 내분비내과 의사는 "못 살렸다고 봐야 된다"고 했다.

부갑상선을 떼어내서 팔이건 어디건 꼭 부치기 때문에 갑상선 전 절제를 하더라도 칼슘대사는 정상적으로 된다고 한 전공의의 장황했던 설명에 대한 희망 때문에 부갑상선을 살렸는지 쓰레기통에 버렸는지 꼭 알고 싶은데 수술한 의사에게서 답을 들을 수가 없었다. 그분도 몰랐을까? 병원을 옮기려고 확인한 수기로 적은 수술 기록에 정상적인 부갑상선 3개가 관찰된다고 나와 있지만 살렸다는 말은 나와 있지 않았다.

동위원소 치료를 받은 후 PET[10] CT를 찍어야 하는데, '20분이면,

10. positron emission tomography, 양전자 방사 단층 X 선 촬영법.

눈 감고 주기도문 몇 번 외다보면 끝나겠지' 하고 기계 속으로 들어갔지만 주기도문 한 번을 반도 못 외고 숨이 막혔다. 소리를 질러도 바로 꺼내주지 않아서 숨이 막혀 헉헉대다가 결국은 CT를 못 찍었다.

수술을 많이도 했다. 이제 잘라낼 건 모가지뿐이라고 모질을 떨어 봐도 내 가슴에 대고 하는 못질일 뿐인데, 게다가 한 번 더 한 수술은 내 몸에 어떤 기관이 얼마나 중요한 역할을 하는지 한 번도 생각해본 적 없는, 정말 모가지에 있는 갑상선 수술이었다. 그래서 못된 소리는 남에게도 내게도 하는 게 아니었다. 어느 날 더 날카롭게 날을 세우고 부메랑이 되어 날아오지 않았나.

어쩌다 떠오른 어머니 생각에 일찍 돌아가시지 않았더라면 딸이 수술실로 실려 들어갈 때마다 얼마나 힘드셨을까 싶어, 많이 아플 때 썼던 수필, 통증 1, 2, 3, 4와 유서들을 없앴다. 내가 쓴 글을 볼 때마다 더 슬퍼져서다. 가끔 어머니가 계셨으면 그렇게 여러 번 내 몸에 칼을 댈 일은 없었을지도 모른다는 생각을 할 때도 있다.

몸을 이 지경으로 만든 걸 남의 탓이라 원망했던 세월도 있었다. 분명 다르게 살 수 있었을 텐데 그 오랜 세월 동안, 나를 위해서는 아무 것도 하지 못한 내가 내게 미안하다. 정말 바꿀 수 있는 계기가 없었던 걸까. 아니면 용기가 없었던 걸까.

어디 분풀이 할 데는 없고, 자학이라고 할지, 살면서 나한테 한 모진 짓들이 자꾸 떠올라 마음이 착잡하다. 열흘을 굶고 이층 계단에서 쌀이 담긴 그릇을 놓쳤을 때 눈앞에 쏟아져 흩어지던 쌀알들이 내 삶인 양 아득했던 기억, 언젠가 신문의 책소개에서 본 그런 기억을 '쏘아 깨뜨릴 수 있는' 다른 기억이 내겐 없는 걸까? 몸이 좀 견딜만해진 다음 제정신이 들었을 때, 나 자신에게 한 나쁜 짓이 너무 많아서 도무지 엄두가 안 나 미루고 있던 성사를 보려고 명동성당에 갔다. 그때는 지금 같은 지하주차장이 아닌 가톨릭회관에 주차를 할 때여서 성당으로 올라가는 길에 회관 2층에 있는 성물가게 앞에서 잠시 멈췄다. 수술 전에 시작해서 수술을 한 다음에도 빠지지 않고 이곳 2층에 있는 강의실에서 '봉사자교육 강사양성과정'을 들었다. 호스피스 봉사자 교육을 좀 잘 하려고 나는 대형 병원들에서 하는 봉사자 교육들을 거의 다 챙겨서 듣고 있었는데 가톨릭에서 봉사자 교육을 맡을 강사양성 교육이 있어 듣고 있던 강의였다. 성물 가게 입구에 있는 묵주 진열대에서 비취와 산호 알이 섞인 팔찌묵주 하나를 골랐다. 가톨릭에서 영세 받을 때 명동 성당에서 레지오 단장을 하던 이영자 마리가 선물한 묵주와 대모님이 주신 올리브 나무로 만든 묵주, 내가 묵주 기도를 할 때 쓰는 영신이 준 묵주, 릿다 수녀님이 주신 초록색 아일랜드 묵주, 수필팀 김성윤 데레사가 준 묵주 두 개, 영은이가 사다준 장미묵주, 서영이가 어디서 내가 예쁘다고 할 때마다 사준 묵주들, 막내동생 프카가 가지고 있던 모양이 다른 제속회 묵주까지 여러 개의 묵주들이 있지만 오늘은 내 손으로 내게 묵주 하나를 선물하고 싶어서였다. '고생했어, 선물이야' 난 더 단순하게 살았어야 했는지도 모른다. 그러나 이제 와서.

계단을 올라가 성당 마당을 지나 지하성당으로 가려다 성당 문 앞에서 어린 신부님을 만나 방금 산 묵주를 축성 받았다. 나는 성사를 보는 지하성당으로 가지 않고 내가 산 묵주로 묵주기도 20단은 할 생각으로 대성전으로 들어가서 제단 위 스테인드글라스가 잘 보이는 앞 쪽으로 나아갔다.

— 2017년

세상의 모든 성당

떠나는 날짜 기억하고 톡 보냈구나. 고마워~

친구가 뉴욕의 성 패트릭 성당에서 켠 촛불 사진과 함께 톡을 보냈다. 떠나기 전에 잘 다녀오라고 보낸 내 톡을 이제야 본 모양이었다.
몇 년 전, 갑상선 암 수술을 받았을 때, 회복실에서 정신은 들었는데 숨이 돌아오지 않아 병실로 올라갈 때까지 지옥을 들락거렸다. 그러다 살아났다. 가끔, 숨이 늦지 않게 돌아와서 살 수 있었던 게, 바로 그 시각에 친구가 나를 위해 촛불을 켜서일 거라고 생각할 때가 있다. 그 성당이 바로 뉴욕의 성 패트릭 성당이다.

모레면 돌아가는데, 어제 보스턴에서 뉴욕 왔다. 오늘 5th avenue

걷는데 성 패트릭 성당이 보였어. 몇 년 전, 네가 갑상선 수술한다고 연락했을 때, 여기서 촛불 켜고 기도했던 생각나서 네 건강 기원하는 촛불 다시 밝혔다. 실은, 네가 걱정할 때마다 난 칠순 나이에 흔히 있는 정도의 일반적인 병세(?)라고만 생각한다. 즐겁게 잘 지내자~

친구에게 조카 영은이도 바로 그 곳, 성 패트릭 성당에서 기도했다고 한 얘기를 해주었다. 친구가 보낸 사진 속 성당 내부와 촛불, 조금 이른 듯한 대형 크리스마스트리와 스테인드글라스가 아름다웠다. 친구와 같이 스페인 여행을 할 때 '검은 성모상'이 있는 몬세랏(Monserrat) 수도원에서 각자의 기도를 담아 촛불 하나씩을 켰던 생각이 났다. 골짜기를 가득 채운 안개가 산 위로 올라가 '가족 성당'의 모티프가 되었다는 바위들을 휘감고 있던 그 곳, 안개 속의 몬세랏 수도원의 분위기가 오래 마음에 남아있다.
스페인을 다녀와서 이제 패키지여행은 안 하겠다던 친구가 지난달에 아르메니아, 조지아 여행을 다녀왔다고 한다. 조지아의 성 삼위일체 성당이 내가 인상 깊어 했던 몬세랏 수도원의 성당과 비슷한 분위기여서, 나를 위한 촛불 하날 켰다고 했다. 같이 간 친구에게, 내가 좀 지나치게 건강 걱정을 한다고 말했다며 '미안' 이라고 덧붙였다. 자주 아프기도 하지만 그것보다 슬픔에 빠지면 오래 간다. 그러다 결국에는 진짜 병이 된다. 촛대 뼈에 바

Duomo di Milano, 1965

경이로운 위대함에
고개 숙이고…
촛불 켜면서 네 건강과
행복을 위한 초도 밝혔다.
당연한 듯 반사적으로…

친구가 최근 밀라노의 두오모 성당에서 보낸 톡이다.
친구는 내가 자기 이야기를 하면서 제목을
〈세상의 모든 성당〉이라 한 줄 몰랐을 것이다.

람이 지나다니는 것처럼 괴로워서 소름이 돋다가 온몸이 아프다. 위경련이 나서 뒹굴고, 관절이 마디마디 부어올라 손가락을 쓸 수가 없다. 그러다 병원에 가고 만다. 슬픔도 집착인 줄 알면서 그럼에도 안고 있는 것이, 자책감에 더 아파야 한다고 나 자신에게 벌을 주고 있는 건지도 모른다. 어머니도, 동생도 이제 놓아야 하는데, 그만 보내야 하는데 그게 잘 안 된다.

친구가 보스턴에서 연구년을 보내고 있는 딸에게 가기 전, 재숙이랑 우리 셋이 같이 소마 미술관의 〈누드 전〉을 보러 가려고 시간을 맞추고 있었다. 그런데 떠나기 전에 65세 제자와 다녀왔다며, 지금 쯤 올림픽 공원 주변도 가을이 한창일거라고, 가을 가기 전에 전시회에 다녀오라고 했다.

뉴욕의 성 패트릭 성당, 조지아의 성 삼위일체 성당, 파리의 노트르담 성당, '세상의 모든 성당'에서 친구가 나를 위해 켜 준 촛불이 남은 내 인생을 더 환하게 해줄 거라는 생각이 든다. 그리고 12월이 되기 전에 재숙이랑 〈테이트 명작전〉에 다녀오고 싶다. 황홀한 대리석의 〈키스〉를 만나고, 가여운 끌로델의 〈사쿤탈라〉도 어루만져주고. 재숙이 남편 김 교수께서 생전에 설계하신 건물도 가보고. 테이터 전 때문인지 친구들 때문인지 오랜만에 마음이 좋다.

— 2017년 11월

2부 · 그래도 감사

지상의 별

2016년 성탄절에 미국의 천문학자 베라 루빈(Vera Cooper Rubin) 박사(1928. 7. 23 ~ 2016. 12. 25)가 타계했다. 1970년대, 그녀는 보이지 않는 암흑물질(dark matter)이 별들 사이를 채우고 있어 중력의 법칙과는 달리 은하의 안쪽에 있는 별들과 바깥쪽의 별들이 같은 속도로 회전한다는 것을 발견한 천문학자다. 별이 회전하면서 흩어지지 않는 것이 성간을 메우고 있는 암흑물질 때문이라는 연구이다. 1948년 프린스턴대학의 천체물리학 대학원은 여자라는 이유로 그녀의 입학을 거절했다. 그녀는 후에 코넬대와 조지타운 대학에서 공부했고, 조지타운 대학의 교수로, 카네기 연구소의 연구원으로, 평생 천문학자로서 많은 일을 했고 여성과학자들이 받는 부당한 차별을 개선하기 위해 노력했다고 한다. 코넬 대학의 물리화학 교수인 남편과의 사이에 네 명의 자녀를 두었는데 그들은 다 부모의 전공과 관련된 분야의 교수로 재직하고 있다 한다. 그녀는 노벨상위원회의 성차별로 노벨물리학상 수상에서도 번번이 제외되었다. 여성과학자가 그랬다면 다른 분야에서 남성과 마찬가지로 업적을 낸 여성들은 제대로 된 대우를 받았을까? 특출한 여성들이 아닌 평범한 여성들의 경우는 어땠을까?

남자들과 같은 대접을 받은 건 대학을 졸업할 때까지였던 것 같다. 가끔 대학 속에 있었어야 했다는 생각을 할 때가 있다. 적어도 그 때까지의 내 인생은 아버지와 마지막 첩, 자식 같은 어린 첩 때문에 어머니가 돌아가신 가정사를 논외로 제쳐두면, 단지 여자라는 이유로 그렇게 힘들었던 적은 없었다.

내가 마주쳐야 하는 많은 일들이 힘에 부쳐서 생각해낸 대책이 다시 대학으로 돌아가는 것이었다. 지방에 있는 대학에 가 있던 남편과 다시 서울로 왔을 때 나는 대학원에 가기 위해 불어공부를 시작했다. 그 당시 불문과 대학원생에게 불어를 배웠는데, 몇십 년 만에 현산씨 병실에서 만난 불어 선생님 정명희씨를 나는 기억하지 못했다. 그 당시 불어를 배우러 다닌 지 그리 오래지 않아, 책 한 권을 다 공부하기 전에 할머님, 어머님 두 분 어른들로부터 '금지' 명령이 떨어졌다. 다음해까지 불어공부를 하고 대학원 진학을 하려던 내 계획은 마지막 불어공부를 하러 간 날,

제 2 외국어가 필요 없는 교육대학원에 원서를 내면서 수정되었다. 대학원을 다니는 동안 내 고난은 대단했다. 대학원을 끝내고 세 곳에서 교양영어와 비즈니스 영어를 가르치는 동안은 더 대단했다.

숨이 막혀서 현관문을 열고 깜깜한 마당으로 나왔는데 그래도 숨이 잘 쉬어지질 않았다. 마치 다시는 돌아오지 않을 것처럼 반지를 빼서 책상에 올려놓고 안에서 누가 열어주지 않으면 들어올 수 없는 대문을 열고 밖으로 나왔다. 눈이 내린 며칠을 지옥처럼 보내다 얼어붙은 밤길에 무턱대고 나섰다. 쌓인 눈이 녹았다가 사람들이 낮 동안 밟은 발자국 모양대로 다시 얼어붙은 밤길이 검은 융단처럼 펼쳐져 있었다. 그 위로 수억 개의 별이 지상으로 내려와 얼어붙은 발자국마다 가득 차있었다.

그 때야 울기 시작했다. 지금 생각하면 집을 나온 이유 때문에 운 게 아니고 내 발 밑 얼어붙은 발자국 속으로 쏟아져 내려온 별들이 너무 아름다워서 울었던 것도 같다.

추워서인지, 우느라 심호흡을 해서인지 숨이 쉬어졌다. 숨이 좀 쉬어지자 추위가 손끝 발끝을 찔렀다. 반지 빼놓고 나오면서 홈웨어 위에 카디건도 걸치지 않고 맨발에 고무 슬리퍼를 끌고 나왔으니 얼마나 추웠을까? 십분은 걸어야 가는 슈퍼 앞까지 갔다가 너무 추워서 엉엉 울면서 다시 집으로 왔다. 그래도 그 새벽에 쏟아져 내린 수 억 개의 별들은 내게 은총이고 구원이었다.

그 후로 한동안은 숨이 막히지 않았다. 그리고 다시 반지를 빼지 않았다. 나는 가끔 눈 그친 추운 밤에 언 땅에 비치는 별이 보이나 나가본다.

딸이 대학 4학년 때 컨설팅 기업 맥킨지를 포기하고 대학으로 들어가서 다행이다.

— 2017년 11월

Gloria Patri[11]

남편이 도서관을 뒤져 선생님의 수필집 『아글리 코리언』과 공역인 영역 『한중록』, 초서의 『캔터베리 이야기』 번역 등을 찾아내서, 그 중 살 수 있는 책 몇 권을 사왔다. 김진만 선생님 이야기를 쓴다고 했더니 사다준 책들인데 같이 사 온 『토마스 모어』 날개에 적혀 있는 『파란눈 검은눈』, 『영문학 노우트』, 『성공회 이야기』 등은 찾을 수 없었다고 한다. 선생님의 명쾌한 필체에서 모차르트를 좋아하시는 이유를 '천재기 때문'이라 말씀하시던 모습이 생각난다. 슬픈 이야기도 아닌데 눈물이 난다.

11. Gloria Patri: Glory Be to the Father('주님께 영광'이라는 뜻).

처음으로 선생님 별세미사에 갔을 때다. 미사 중에 선생님과 동대문 하우스 처치 시절에 많이 불렀던 성가 144장[12] "비둘기 같이 내리신 위로의 성신이시여"를 불렀다. 동대문 하우스 처치 시절, 성공회 신부님인 제부도 그때 모이던 대학생들 중 한 사람이었다. 오래 부른 적 없는 그 성가를 울지 않고 끝까지 부르느라 심호흡을 몇 번이나 했다.

동생이 옆자리에서 내는 고운 소리를 방해할까봐 나는 작은 목소리로 성가를 따라 부르면서 눈을 감고 선생님 댁 근처에 있던 하우스 처치와 오버랩 되는 또 하나의 성당, 길 가에 새로 지은, 건물 전면이 다 계단으로 되어있는 동대문 성당의 넓은 계단을 천천히 올라가 키 큰 이 휴고 신부님이 미사 집전을 하시는 성당 문을 열고 들어갔다. 성당에는 내 친구 정연진 메리가 반주를 하고 있고 나는 성가대에 있었다.

대학 1학년 1학기, 선생님은 영 교시(9시에 시작하는 첫 시간 전 8시 강의)에 바이블 클래스를 개설하셨다. 지금처럼 쉬운 영어 성경이 없어서였는지 내 기억으로 킹 제임스 버전을 공부했던 것 같다. 초서(Geoffrey Chaucer)를 공부하신 선생님께는 별 문제 없으셨겠지만 우리는 쉽지 않았다. 최근에 『캔터베리 이야기』 번역이 새로 나왔다고 한다. 선생님은 『캔터베리 이야기』의 최초 번역자였다.

12. 대한성공회 구 성가 144장.

가톨릭이던 막내가 세상을 버렸을 때, 견딜 수가 없어 난 그 아이를 위해 무슨 일이라도 해야 했다. 그 아이가 원하던 걸 아무것도 못해주면서 내 이기적인 마음은, 대견하게도 잘 견딜 수 있으리라고 철석같이 믿고 있었다. 우리 셋 중 제일 낫다고, 잘 해낼 거라고 내가 편한 대로 생각했던 거다.
매일 새벽, 성공회에는 없는 '연미사'라도 드리기 위해 그 아이가 결혼식을 올렸던 명동 성당에 나가기 시작했다. 그해 2007년에는 내가 새벽에 하는 일이 있어 성당의 첫 미사에 나가기 힘들었지만 어떻게든 그 아일 위해 매일 새벽에 연미사라도 드려야 했다. 내 마음이 그랬다. 성공회에서 세례, 견진을 다 받았지만 가톨릭 교리는 다시 공부해야할 것 같아서 교리과정을 끝냈다. 몬시뇰 신부님께 가톨릭에서 교리과정을 끝냈으며 성공회에서 세례, 견진을 다 받은 성공회 교인인데 어떤 절차가 필요한지 문의했다. 그분은 세례, 견진을 다시 받으라고 했다.
김진만 선생님이 60년대 후반 성공회 정동 대성당에서 가톨릭과 영락교회 등이 같이 참여한 성경공동번역 작업에 열심이셨던 기억이 난다. 토요일에 공동번역 작업 때문에 성당에 들리셨던 날은 성공회 기숙사에 있던 나와 가끔 마주치기도 했다.
지금 가톨릭에서는 공동번역 성경을 쓰지 않는다. 교리공부를 할 때 공동번역 성경에 대한 내 질문에 수녀님은 개신교에서는 공동번역 성경을 쓰지 않고 가톨릭에서 쓰는 공동번역 성경의 판매 수익금은 모두 개신교의 성서공회로 가기 때문에 가톨릭이 따로 성경 번역을 하게 되었다고 했다. 결국 공동번역은 성공회에서만 쓰는 것 같다.

가톨릭에서 세례를 받고 매일 새벽 막내 동생의 연미사를 드렸다. 신부님이 매일 아침 박 프란체스카 이름을 한 번 씩 불러주시고 그의 영혼을 위해 기도해 주신다. 제 엄마처럼 가톨릭 전진상관 기숙사에서 대학을 다니는 영은이가 젖은 머리를 제대로 닦지도 않고 물을 뚝뚝 흘리면서 계성여고 문으로 나와서 엄마 연미사에 들어왔다. 새벽에 하던 일 때문에 가끔 미사 중에 나가 기도 했지만 그래도 한동안 계속 넣었던 연미사에서 동생에게 미안하다고 말할 수 있었다.

내가 기도처럼 필사하는 『굿 뉴스 바이블』(The Good News Bible) 같은 쉬운 영어 성경을 오래 전 선생님의 바이블 클래스에서 읽었다면 많은 학생들이 들었을지도 모른다. 그 때만 해도 영어 공부를 할 수 있는 곳이 많지 않았다. 내가 영문과에 입학했을 때는 영문과 영어회화를 미국대사 부인이 와서 가르쳤다. 김진만 교수님이 외국어실험실을 처음 맡으셨을 때 나는 평화봉사단으로 학교에 와 있던 미국인 부부가 영어회화 책을 녹음하는 작업을 남 기사님과 같이 했다. 그때 나는 학생들에게 방과 후에 〈English 900〉이라는 영어회화 테이프를 틀어 주었고 졸업 후에는 영어조교로 있으면서 아세아문제 연구소에 온 인도네시아 연구원에게 한국말을 가르치기도 했다.

선생님이 성공회에 입교하신지 1년 정도 되었을 때쯤이었던 것 같다. 그렇게 학교에 한 시간 일찍 나가서 선생님과 성경 공부를 하고 그 결과물로 나는 얼마 후 성공회(anglican church)에서 세례를 받았다. 50년 전 일이다.

당시 성당 G.F.S.[13]에서 여대생 두 명을 1년 동안 호주로 연수를 보내는 프로그램이 있었다. 세례 받은 지 아직 일 년이 되지 않았을 때 선생님의 권유로 시험에 응시하였지만, 시험을 잘 본 것 같지는 않았다. 그래도 최종적으로 나를 포함해 세 명이 면접을 봤던 것 같은데, 그러던 어느 날 선생님께서 내가 학생들에게 〈English 900〉을 틀어주던 외국어 실험실의 한 강의실로 무슨 비밀 이야기나 하실 것처럼 데리고 가시더니 "나도 자네도 입교한 지가 얼마 되지 않아서, 우리가 양보해야 될 것 같아"라고 하셨다. 선생님 특유의 밝고 단호한 목소리로 내 등을 두드리시며. 정작 나는 크게 기대하지 않았던 터라 별로 실망하지 않았는데 선생님은 미안하셨던 것 같았다. 다른 두 사람이 유학을 갔고 그 사람들은 후에 성공회에서 어떤 역할들을 했으리라 생각한다.

성공회 기숙사에서 대학 시절의 후반부를 보내고 있을 때 어머니가 돌아가셨다. 넋 잃고 주저앉아있는 내게 기숙사에서 여러

13. Girls' Friendly Society, 영국에서 시작된 성공회 여성단체.

가지 일들을 하시던 이씨 아저씨가 짐을 싸주시면서, 집으로 부쳐 줄 테니 걱정 말고 어서 내려가라 하셨다. 늘 고마운 기억 속에 그 분이 있다.

부산 집에 내려가 있는 동안 많이 상심하고 힘들 때, 교수님으로부터 엽서 한 장을 받았다. 'Gloria Patri'로 시작된 엽서에는 누구한테 우리 자매가 당장 갈 곳이 없다고 들으셨는지 동생들을 데리고 선생님 댁으로 들어오라고 하시는 편지였다. 편지는 꼬박꼬박 존댓말로 써 있었다.

내 사정이 꼭 그런 건 아니었지만 뜻밖이었다. 사모님은 어떻게 그런 생각을 하셨던 걸까. 아무리 제자가 어려운 상황이라 해도 집에 들어와서 같이 살자는 말씀을 하실 수 있는 선생님과 사모님이 진심으로 고마웠다. 나는 두 분처럼 살지 못한 것 같다.

아버지가 첩을 데리고 나가 살았기 때문에 어머니가 사시던 원래 우리 집에서 동생 둘을 데리고 삼월 삼짓날 어머니가 돌아가신 날 이후부터 그해 여름 장마가 끝날 때까지 지냈다. 복학할 수 있을지 확실치 않았던 때여서, 선생님 말씀대로 동생들과 댁으로 들어가는 일은 없었지만 선생님께 감사하다는 말씀을 제대로 드리지 못했다. 돌아가시기 전 건강을 잃고 힘드실 때도 찾아뵙지 못했다. 대학원 논문을 쓰는 동안 몇 번 댁으로 갔던 것이 전부다.

선생님의 별세미사에서 사모님을 뵈었다. 사모님은 연세가 드신 지금도 여전히 고우시고 조용한 미소도 예전과 같으셨다. 취미삼아 그림을 그리시는데, 정작 사모님께서는 손사래를 치시지만 그림이 상당한 수준이라고들 하는 것 같았다.

동생 부부와 같이 돌아오면서, 복학해서 어학 실험실로 찾아뵈었던 날 선생님과 찍은 파안대소 하시는 사진과 함께 휴대폰에 담아두었던 돌아가셨을 때의 신문 기사들을 다시 찾아보았다. 딸아이를 가지고 거의 만삭이 다 될 때까지 조교로 나갔던 어학 실험실에서 매일 뵙던 선생님의 밝고 유쾌한 모습이 떠올라 차 안에서 조금 울었다.

나는 내가 힘들어 죽을 것 같아 막내를 데려와 살지 못했다. 어려운 내 상황에 그 아이가 행복할 것 같지 않아서, 그래도 아버지와 사는 게 나을 거라는 생각이었는데, 아버지는 첩과 그녀가 만든 상황들로부터 그 아이를 보호해주지 못했다.

그날, 오래 호스피스 봉사를 같이 해온 릿다 수녀님과 이사한지 얼마 안 된 바닷가의 새 아파트로 찾아가겠다고 했더니 그 아이는 성당에서 방문하기로 했다며 못 오게 했다. 십년 너머 혼자 무슨 일을 당하는지도 모르고 버려두더니 이제 와서 그런 게 다 무슨 소용이냐고 질책하듯이 동생은 그날 그렇게 세상을 버렸다.

내가 죄책감으로 미안하고 아플 때, 내 맘속으로 엽서 한 장이 날아든다. Gloria Patri로 시작되는 선생님의 엽서다.

— 2016년 2월

비둘가 비둘가

비둘기는 결국 뭍으로 올라오지 못하고 끝났을까? 내가 잘못한 것 같아 자꾸 미안하고 마음이 쓰인다. 너무 일찍 준비를 했는지 차리고 나서다보니 미사 시간이 어중간했다. 아홉 시 미사에 가긴 조금 늦었고 늘 가는 열 시 미사는 아직 시간 반이나 남았다. 밖을 보니 거실 창 너머 흔들리는 나뭇잎에 가을 햇살이 가득해서 이런 날씨가 일 년에 얼마나 될까 하다가 성북천으로 청계천까지 가서 물가로 걸어 명동성당까지 가기로 했다. 걷다가 열 시 미사에 늦게 되면, 조금 더 걸어서 정동 성공회성당 열한 시 미사에 가면 될 일이었다. 한동안 굽이 높은 신발을 신지 않아서 많이 걷지 않을 때도 굽이 높으면 불편하다. 편한 신을 신고 걸을 수 있는 개천길이 생겨서 다행이다.

딸아이가 요즘 들어 부쩍 누울 자리만 찾는 나를 위한 처방으로 아침에 걷고 나머지 시간에 누우라며 매일 바쁜 시간을 낸다. 저도 한 시간 정도 걸어서 좋다는데 안 나갈 수 없어 아침 일곱 시면 자의 반 타의 반으로 한 시간 넘어 성북 천을 걷는다. 딸과 개천에서 만나 5km 정도를 걷는데, 저녁에 늦게 들어가서 아침에 엄마 걸리느라 일찍 일어나 나오는 게 고맙기도 하고 미안하기도 하다.

청계천으로 접어들어 명동성당에 가려고 걷다 보니 아침이라 그런지 사람이 별로 없다. 혼자서 초가을 아침의 고요 속으로 가끔씩 심호흡을 하면서 한참을 걸어가는데, 저만치 사람들이 대여섯 명 모여서 개천 건너편을 바라보고 있는 모습이 눈에 띄었다. 무슨 일인가 하고 사람들이 보고 있는 곳을 봤더니 물속에 작은 비둘기 한 마리가 오리들 틈에 섞여 있었다. 비둘기는 물에 빠진지 한참 되었는지 날개가 이미 물에 흠뻑 젖어 축 처진 채 몸이 반도 더 물 속에 잠겨 있었다. 비둘기 주위로 오리들이 모여 있었는데, 비둘기를 물 가장자리로 몰아는 왔지만, 그들로선 그게 다였던 것 같았다. 오리들이 어린 비둘기를 뭍으로 올려놓을 도리는 없어보였다. 비둘기가 물속에서 나와 보려고 작은 발을 바위에 올려놓는데, 자꾸 미끄러진다. 바위 옆으로는 다 흙인데 계속 바로 앞에 있는 것은 바위에만 올라가려고 애를 쓴다. 금방 지치고 말 딱한 새를 더 보고 있을 수 없어, 나는 시계를 보고 성당으로 가는 걸음을 재촉했다. 마음속으로 '비둘가 비둘가' 하면서.

어느 해 아버지 생신에 서울에서 모인 적이 있다. 시청 앞 어디였는데, 식사 장소로 걸어가는 보도블록 위에 비둘기가 우르르 앉았다 날았다 하고 있었다. 막내 동생 신영의 서너 살 된 딸, 영은이가 연년생인 제 동생 기저귀가 든 작은 배낭을 메고 인도에 앉은 비둘기를 향해 '비둘가, 비둘가' 하며 비둘기를 쫓아 뛰어다녔다. '비둘기'라고 가르쳐줬는데 '비둘기야'가 아니라 '비둘가'하고 부르는 것이다. 식사장소가 지하였던 것 같은데, 그곳에 돌을 깎아서 만든 큰 어항에 제법 큰, 잉어인지 커다란 붉은 관상어가 여남은 마리 헤엄치고 있었다. 영은이는 이번에도 '물고기'라고 가르쳐줬더니 '물꼬기야'가 아니라 '물꼬가, 물꼬가' 하며 뛰어다닌다. 제 이름인 '영은이'를 우리가 '영은이야'라 부르지 않고 '영은아'하고 부르는 것과 같은 원리를 물고기와 비둘기에 적용한 거였을까? 모국어 문법은 정말 학습하지 않아도 이미 가지고 태어난다는 말이 맞는지도 모른다는 생각이 들었다. 꼬마 언어학자 이영은 세실리아가 정말 이담에 언어를 공부 하려나 했다.

나는 내내 '비둘가 비둘가' 하며 걸었다. 명동성당 열 시 미사에 늦진 않았다. 다만, 조금만 옆으로 보면 딛고 올라갈 수 있는 흙이 있는데, 자꾸 빨간 발이 미끄러져 물에 빠지면서 미끄러운 바위에만 오르려고 하던 바보 비둘기 때문에 마음이 심란하여, 성공회성당 열한 시 미사에 가기로 하고 좀 더 걸었다. 남의 인생 따라 하려다 물에 빠져 죽게 생긴 그 딱한 비둘기가 맘에 걸려서였던 것 같다. 어쩌면 내가 평생 그랬던 건 아니었을까? 눈만 돌리면 미끄러지지 않는 흙이 바로 옆에 있는데, 미끄러운 바위에만 발을 올리고 또 올리고 또 올리고.

내가 현장을 떠난 후에, 그들은 비둘기가 지쳐 죽을 때까지 끝내 구경만 하고 있었을까? 누군가 가까운 다리로 건너가서 그 멍청한 비둘기를 구했을까? 우린, 바보짓을 하거나, 구경하거나, 외면하거나, 그 외에 다른 대안을 가지고 있지 않은 걸까?

— 2017년 9월

성모의 보석

염색을 하는 동안 늘 음악이 조그맣게 나온다. 헤나를 칠하고 여성잡지들이 놓여있는 긴 테이블에 앉아서 민정씨가 가져다 준 신간 잡지를 넘기고 있는데 맞은편에 친구 같아 보이는 젊은 여자 둘이 와 앉더니 이야기를 소곤소곤 하고 있다. 내가 신경 쓰이나 하고 창가 자리로 옮겨 앉았다. 바로 스피커 아래라 음악이 잘 들렸다. 쇼팽이 나오나 했는데 다음 곡이 볼프페라리의 〈성모의 보석〉 간주곡이다. 내가 의식하지 못하는 가운데 들었을진 몰라도 '아, 성모의 보석' 하고 듣는 건 몇 십 년 만인 것 같았다.

오래 전, 고등학교 시절, 영어 선생님이시던 문 길상 선생님께 방과 후에 영어 과외를 받았다. 공부하기 싫다며, 같이 공부하던 네 명의 친구들이 떼를 써서 바닷가에도 가고, 가끔은 김해 어느 학교에 계시던 선생님 친구를 만나러 가느라 구포다리를 건너 오른 쪽으로 강을 끼고 걸으며 저녁노을을 보기도 했다. 그때 쯤 선생님과 갈래머리를 한 네 명의 친구들이 자주 들었던 음악 중에 〈성모의 보석〉 간주곡도 들어 있었다.

몇 년 전, 암수술을 받았을 때 주신 선생님 전화를 못 받았었는데 그 후에도 내가 힘들어 전화를 드리지 못했다. 그런데 다음 해 선생님은 류마티스로 고생하시다가 산소 호흡기를 쓰신 상태로 돌아가셨다고 했다. 사모님께서 행숙에게 연락을 하셨다는데 우리 중 누구도 선생님 장례식에 가지 못했다. 선생님이 가시고 시간이 한참 지난 다음에야 정임이 사모님과 연락이 되어서 소식을 알게 되었고 우리는 콜 백을 하지 않은 행숙을 원망했지만 나도 선생님께서 수술 후 걱정되셔서 하셨다는 전화를 까맣게 잊었던 터라 행숙을 나무랄 수만도 없었다.

대학 1학년 교양영어에 나오는 골즈워디(John Galsworthy 1867~1933)의 「사과나무 아래서」(The Apple Tree)나 포크너(William Faulkner 1897~1962)의 「에밀리에게 바치는 한 송이 장미」(A Rose for Emily) 같은 단편소설은 고등학교 때 선생님께 이미 배운 것 들이었다.

대학에 온 이후로 선생님께서는 한 달에 한 번 정도 학교로 엽서를 보내셨는데, 누구나 읽어 볼 수 있는 엽서가 계속 오자 남학생들이 돌려보고 옛날 맞춤법은 신식으로 고치고, 뜻이 모호한 부분은 첨삭까지 해서 갖다 주는 바람에 엽서의 수신인인 내가 가장 마지막에 그 엽서를 받아보곤 했다.

내 이름을 부르시는 것으로 시작되는 엽서들은 딱히 내게 쓰시는 글이라기보다는 계절이나 세월이 가는 길목에서의 어떤 단상 같은 것들을 적은 글들이었다. 엽서에는 늘 처음 보는 단어들이 들어 있었다. 가을에 보내신 엽서에는 가을 햇빛을 "쇠잔하다"고 하신 것 같다.

언제부터인가 엽서는 푸른 색 봉함엽서로 바뀌었다가 다시 편지봉투로 바뀌었는데, 그렇게 평생 보내주신 편지들 중 대학 때 보내신 엽서들은 남편이 자기가 보낸 부도수표들과 함께 어느 날인가 다 태워 없애버렸고, 결혼 후에 보내시는 편지들을 내 책상에 펴두면 남편이 읽고 나서 "글씨도 참 잘 쓰신다"고 했던 것 같다.

선생님의 편지는 늘 좀 슬펐다. 러시아 여행을 가셨을 때 푸시킨의 무덤에 다녀오셔서 쓰신 편지는 정말 슬펐다. 어린 여고생이던 우리에게 앞으로 뭐든 할 수 있고 뭐든 될 수 있다고 믿게 하셨지만 정작 선생님은 몇 권의 산문집들도 그렇게 어떤 회한 같은 것이 진하게 깔려 있었다고 할까 그랬다. 처음 선생님을 만났을 때가 마흔이 채 안되셨을 때인데, 그 때도 잘 생긴 얼굴에는 늘 우수가 가득했다. 친구들은 선생님의 큰 체구에 처진 어깨가 슬퍼 보이는 게 바바리 때문이라고 했었다.

내가 암수술을 받기 전, 앞으로 만나봐야 죽기 전에 몇 번이나 만나겠냐고 하시며 "일 년에 한 번 씩이라도 보자"고 하신 편지가 맘에 걸려 대구에 계신 선생님을 뵈려고 정임과 정생, 행숙은 부산에서, 나는 서울에서 대구 도착 시간을 맞추어 갔었다. 너무 오래 만나지 못한 선생님과 우리는 동대구역을 두 번 세 번 돌면서 마주치고도 서로 알아보지 못했다. 사모님도 같이 뵙기로 했지만 언니가 암 수술을 하게 되어 그날 서울 병원에 언니를 만나러 가셨다고 했다. 점심을 먹고, 가운데 섬이 있는 호숫가 벤치에서 옛날 여고 시절처럼 그렇게 하염없이 이야기를 하다가 일어섰다. 정임이 자기가 사장님이라며 들고 온 선물을 댁까지 가져다 드리고 돌아왔다. "이제부터 일 년에 한 번 씩은 보자"고 하셨지만 그러지 못 했다.

오랜만에 들어 본 〈성모의 보석〉 간주곡이 선생님의 우수에 찬 이미지와 겹쳐서인지 구슬프게 느껴졌다. 사십년 만에 선생님과 만나서 일 년에 한 번 씩은 보자고 한 약속을 한 번도 지키지 못한 아쉬움 때문인지도.

— 2016년

가을 동기회 안면도 관광을 다녀와서

엄마, 바다가 없어졌어요!

2009년 9월 12일 새벽, 알람까지 맞춰놓고 잔 터라 늦지 않게 잠이 깼다. 어린 소녀 시절의 소풍날처럼 즐겁게 출발하려는데 남편이 비가 오려나 보다며 짐짓 고소한 표정으로 한마디 한다. "바닷가에서 노는 게 아니라 밥들 먹는 거지?" 못 들은 척 나오는데 또 한마디 한다. "해도 안 날 건데 모자 쓰고 가?" "예." 하고 보니 너무 얌전했나 싶지만 이왕 조신하게 나가는 거 한 마디 더, "다녀 오겠습니다~" 시어머님도 들으시라고-

압구정 현대백화점 주차장에 도착하니 일곱 시 십분, 주차장에 들어서자마자 바로 정면을 보는 순간, 버스 초록색 네온사인에 '경남여고'가 찬란하게 빛나고 있었다. 난 혼자 말했다. '그렇지,

내가 경남여고를 나왔지!' 더구나 초록은 무지개 색의 한 가운데에 위치하여 이 세상에 균형을 잡아 주는 색이 아닌가! 우리는 이 험한 세상의 다리가 되어 세상에 조화와 균형을 만드는 임무를 띤 사람들이 아닌가! 그때 휴대폰이 울렸다. 남편 전화노래로 정해 둔 〈사랑의 인사〉였다. 이제 더는 일주일 내내 나가고 하루 집에 있는 토요일에 모든 것을 팽개치고 놀러가느라 얌전히 빠져 나올 때의 내가 아니다. 저 초록의 네온사인을 본 이상 이제 나는 혼자가 아니었다.

"아, 왜~" (내 기세에 남편이 약간 주눅 들어서 말했다.)

"비 많이 오네. 우산 안 가져가고~" (아~ 거기 비 오는구나~ 난 다시 얌전해졌다.)

"여기 아직 비 안 와요."

총무 김영숙 친구가 시인이자 도예가이며 연주가이기도 한 남편 송명규 사장님과 함께 먹을거리들을 바리바리 싣고 오고, 떡이며 김밥까지 다 배달되어 올 때 쯤 친구들도 시간 맞춰 다들 초록의 '경남여고' 네온사인에 끌리듯 버스로 왔다. 모두 "경남여고"를 외치며-

플루 때문에 총무가 사온 세정제로 손 소독을 하며 친구들이 거의 다 버스에 오를 때 쯤 비가 쏟아지기 시작했다. 낮에는 갠다는 예보를 듣고 온 친구들이 있었지만 나는 마음속으로 은근히 걱정이 되기 시작했다.

쏟아지는 빗속으로 버스가 출발하고 절대 멀미 안 하는 윤영신 친구가 버스 앞좌석과 뒤 쪽을 오가며 군것질거리들을 나누고, 나는 관광버스 기사에게 "배식"은 실패가 있을 수 없음을 몇 번씩 상기시켰다. 기사 아저씨는 연신 식당에 휴대 전화로 점심 식단에 대해 당부를 하고 있었다. 플루를 무시하고 용감하게 모였지만 그래도 일단은 오늘 여행에 노래방이 없는 것에 대한 양해를 구했다. 추석 전에 미리 성묘 나온 차들 때문에 길이 막히고 기사가 빨리 간다며 빼빼이를 돌리고 있는데 주차장에서 비 때문에 화장실에 안 간 이영희 친구가 발을 구르기 시작하고 급기야는 외진 주유소의 남자화장실까지 점령하는 단체 화장실 견학 사태가 일어났다. 그 때 쯤 비가 개기 시작했고 또 그 때 쯤 뚫리기 시작한 길이 우리를 금세 수덕사를 거쳐 안면도 바닷가에 데려다 주었다. 바다 쪽 한 면이 다 창인 이층 식당은 푸짐하게 차려진 밥상으로 우리를 맞아 주었고 한 시간 전까지 살아 있었다는 커다란 새우들은 먹음직스럽게 접시를 가득 채우고 있었다.

식사를 하고 썰물의 서해바닷가를 잠시 산책한 우리는 안면도 휴양림으로 옮겨서 본격적인 관광을 시작했다. 친구들은 모두 즐거운 모습이었고 행복해보였다. 나는 휴양림 관광을 시작하면서 여고 시절 산악반 반장이던 나의 위상을 훼손시키지 않겠다는 일념으로, 내가 등산을 했는지 이제는 기억하지도 않을 친구들 앞 쪽에서 걷고 있었다. 평생 선생님으로 학생들을 가르치다 퇴직한 국어 선생님, 박윤주 친구가 아이들 어릴 때 이야기를 하는 것 같았다. 조금 뒤에 따라오며 조근조근 하는 말이 자세히 들리지 않았지만 어린 아이들을 데리고 서해안으로 여행을 왔을 때 저녁에 바다를 보고 잠들었던 아이가 아침에 썰물로 물이 빠져나간 바다를 보며 "엄마, 바다가 없어졌어요!"라고 했다는 이야기였다. 친구의 낭랑한 목소리를 들으며 마치 어린 시절 잠들기 전 옛날이야기를 듣는 것처럼 그렇게 꿈결처럼 걸었다. 나는 잠시 여우비 내리던 여름 날, 강 위에 뜨던 무지개 너머로 친구의 아이만한 어린 나를 언뜻 본 듯했다. 그리움인지 눈물이 났다.

플루 때문에 마이크를 돌리는 노래방을 하지 않겠다고 했는데도 불구하고, 돌아오는 버스 안에서 끼를 주체하지 못하고 노래 본능에 기어이 서혜숙 친구가 마이크를 잡았다. 골프로 단련된 체력을 과시하며, 무리한 산행 탓에 지쳐 곯아떨어진 우리를 향해 회장단이 작년 다르고 올해 다르다며 바야흐로 맛이 갔다고 정의를 내리든 말든, 서울 전에 수서, 용인 친구들을 내려주느라 잠시 차를 세울 때까지 죽은 듯이 잤다. 점심 식사도 관광도 다 괜찮았다. 얕았지만 그래도 산행이었는데 다친 친구도 뒤처진 친구도 없었고 버스를 놓친 친구도 없었다. 다들 즐거워 보인다. 다행이다. 동기회 가을 여행에 소녀시절을 함께 보낸 친구들과 멀리 어린 시절로의 여행을 다녀 온 듯, 마음속에 자꾸 안개비가 내린다.

— 총동창회 회보 2009년

그리고 두 개의 인형
내가 사랑한 왕자들,

지난주에 정 디자인 정병규 대표와 우리 부부가 같이 포천에서 투병 중인 황현산 교수를 방문했다. 거의 몇 년 운전을 하지 않던 내가 운전해서 갔다.

어학 실험실 조교로 나갈 때였는데 임신 8개월 정도 되었을 때였던 것 같다. 정문 가까이서 불문과 강성욱 선생님과 마주쳤다. 언제나처럼 진한 감색 양복에 무거워 보이는 책가방을 드셨다. 선생님께서 나를 불러 세우시고는 가만히 쳐다보시더니 '인환이가 잘 못하지?' 하셨다.

그날 종로의 한 식당에서 저녁을 먹은 사람은 선생님과 황현산, 정병규, 그리고 우리 부부였다. 술이 약한 병규씨가 일찌감치 벽에 기대어 있었고, 현산씨도 그렇게 술이 센 것 같지는 않아서 눈이 자꾸 감기고 있었다. 김인환만 꿇어앉아서 선생님께서 주시는 술을 다 받아 마시느라 쩔쩔매고 있었다.

일본에서 오신 강성욱 선생님은 보들레르 전공이셨는데, 보들레르 판본 연구가 프랑스 학자들을 능가한다고 했다. 잘 생긴 선생님을 제자들이 프랑스 배우 같다고 하는 말을 들은 적이 있다. 그날은 막스베버 이야기를 많이 하셨던 것 같은데 늦은 시간까지 혼자 말씀을 이어가시다가 갑자기 사회학과의 이순구 교수님께 전화를 하셨다. 주무시다 전화를 받으신 선생님께 막스베버를 어떻게 생각하시냐고 물으셨던 것 같다. 술에 취한 어린 제자들과의 토론이 영 양에 안 차셨던 모양이었다. 마치 두 분이 마주 앉아 말씀을 나누듯이 꽤 오래 통화를 하셨던 걸로 기억한다.

남편의 지도 교수이신 정한숙 선생님이 고대에서 술이 세기로는 술맛 모르는 김인환이 최고라고 하신 이유를 알 것 같았다. 참 많이도 받아 마시고 있었다. 학교에서 만나 식당으로 온 이유가 "인환이가 잘 못하지?"였는데, 부른 배로 몇 시간을 앉아 있다 보니 좀 힘들었다. 그래도, 그렇게 신출내기 남편 대신 위로해 주시겠다고 만들어 주신 자리라 선생님께서 그날 어린 제자들을 위해 마음써주셨던 생각을 하면 감사하다. 그날 저녁 선생님 말씀들을 생각하면 사는 게 힘들어도 어떻게든 다 해낼 수 있을 것 같을 때가 있다.

술이 거진 깰 시간쯤이 되어서야 이층 식당에서 나왔는데, 그 늦은 밤에, 계단 앞에 인형을 가득 실은 리어카가 서 있었다. 선생님은 거기서 인형 하나를 한참 걸려 고르시더니 다시 다른 색깔의 인형 하나를 더 고르셨다. 계산을 하신 다음, 하나는 애기한테 주라고 하시면서 내 가슴에 인형 두 개를 안겨 주셨다.

대학시절, 어느 여름에 김진만 교수님과 함께 성공회 성당에서 고대생과 연대생, 이대생들이 주축이 되어 강화도로 농촌 봉사를 갔을 때, 어학실험실 불어조교로 있던 현산씨가 같이 갔다. 그는 밤에 숙소 앞 풀밭에서 우리들에게 둘러싸여 생 텍쥐페리의『어린왕자』이야기를 해주고 있었는데, 그날 밤 그의 아름다운 별에서 온 어린왕자에게 집단 최면이 걸린 우리 캠프는 그 밤이 샐 때까지 내내 행복했다. 그때는 어린왕자가 그렇게 슬픈 이야기인 줄 몰랐다.

우리나라에 나와 있는『어린 왕자』번역 백여 권 중에 황현산 교수의 번역이 두 번째로 나왔다고 한다. 강화도의 별이 빛나는 밤에, 별에서 온 어린 왕자 이야기에 푹 빠져 밤이 깊어가는 줄 모르고 모두 황홀경에 빠져있었을 때, 어린 왕자가 슬퍼지면 '석양'을 본다고 했는지 아니면 '일몰'을 본다고 했는지 기억나지 않는다고 했더니 남편이 내 이름이 적힌 새로 나온 그의『어린 왕자』를 가져다주었다. 황현산 교수는 내가 '석양'이나 '일몰'이라고 부르는 걸 '해넘이'라고 했다. 오랜만에 어린왕자를 원 없이 만났다.

내 첫 번째 색채 책을 정디자인 정병규 대표의 사무실에서 썼다. 밤에 작업을 하는 병규씨가 아침에 자고 오후 두시는 되어야 사무실에 나온다며, 식탁에서 예습을 하고, 색채 책을 쓰고 있던 내게, 오전에 비는 사무실을 쓰게 해주어서 내 첫 책이 나왔다. 그러고 보니 정병규대표의 북 디자인전에서 만난 병규씨 부인 서승옥 선생님이 전시회에서 찍은 사진을 보내주면서 '우리가 다시 만날 날은 몇 년 후가 될까요'라고 달아 보낸 캡션이 생각난다. 정말 우린 오래 못 만났다.

내가 아는 한 세상에서 가장 열심히 공부하는 세 사람이 만난 지 50년이 더 지났다. 자기 분야에서 이미 끝까지 가 있는 그들이 아픈 몸들을 추스르고 지금까지 공부해온 만큼의, 딱 그만큼의 시간을 다시 정진할 수 있기를 바라는 마음이다.

오래 전, 경영대에서 강의 한 과목을 하고 있을 때, 본관에서 서관으로 올라가는 비탈길에서 내려오시는 강성욱 선생님을 뵈었다. 서울로 다시 와서 몇 년이 지난 다음이었다. 여전히 진한 감색 양복을 입으시고 무거워 보이는 책가방을 들고 계셨다. 그 후로 나는 선생님을 뵙지 못했다.

정년하신 후에 건강이 안 좋으실 때도 책을 계속 사셨는데, 많이 편찮으실 때, 사신 사전들을 읽진 못하시고 손으로 쓰다듬으셨다고 한다.

언젠가 어린 딸을 데리고 댁으로 찾아뵈었을 때, 바닥에 앉는 낮은 책상에서 책을 보고 계시던 선생님이 목에 감고 계시던 목도리가 생각난다. 한 자락을 뒤로 넘겨 매고 있는 어린왕자의 목도리처럼 그렇게 멋있게 매고 계셨다.

그때 젖먹이였던 서영이가 공부를 하고 와서 영화와 정신분석을 강의한지 벌써 15년이 넘었다. 최근에 딸은 황현산 교수의 번역을 텍스트로 그의 열 번째 책, 『어린왕자, 진짜 중요한 건 눈에 보이지 않아』를 학생들과 같이 냈다. 서영이가 공부를 마치고 왔을 때, 강성욱 선생님께서 몇 번 근황을 물어보신 적이 있었다고 했다. 선생님이 주신 인형을 오래 가지고 놀던 서영이가 선생님 같은, 그 분의 제자들 같은 좋은 학자로 살기를 바란다.

— 2018년 7월

*우리가 포천에 다녀온 후, 다시 입원했던 현산씨가
8월 8일에 별세했다.
우리의 어린 왕자가 그의 별로 돌아갔을까.

밤으로의 긴 여로

남편이 출근하며 휴가 나온 그의 친구를 내게 부탁했다. 명동의 국립극장이 유일한 큰 연극 무대이던 때 우리는 토요일 '낮 공연'을 보기 위해 극장에 들어섰다. '군인과 임신부'라는 조금은 이상한 조합이었지만 시간을 보내기에 괜찮은 선택이라 생각했었다.

군복도 임신복도 연극을 관람하기에 어색한 복장이었지만 속으로 '부부인 줄 알겠지, 뭐'하며 좌석을 찾아가 앉았다. 그런데 조금씩 불편해지기 시작했다. 바싹 붙어있는 좌석도 편치 않았다. 오전에 그는 토요일에도 수업을 하는 고등학교 교사 친구 대신 달아나는 닭을 잡느라 오르락내리락 한옥 마당을 한참 뛰어다녔고, 거들 형편이 아닌 나는 부딪치지 않으려고 배를 안고 멀찌감치 피해 있었다. 아들보다 좀 나은 줄 알고 어렵게 부탁했던 어머님이 같이 닭을 몰아주신 담에야 잡은 그 닭으로 삼계탕을 끓일 수 있었다. 닭 모가지를 설 찌르고 놓치는 바람에 피를 흘리며 여기저기로 도망 다니는 닭을 잡느라 식구대로 힘을 뺐다. 정작 삼계탕을 해서 가까스로 점심을 먹고 나왔을 때는 둘 다 힘이 빠진 상태였다.

그래서인지 객석이 어두워지고 드라마가 시작하자 군인아저씨는 코를 골기 시작했다. 귀대 시간까지 그와 같이 있어주기 위해 연극관람을 생각해낸 게 좋은 선택이 아니었던 거다. 연극이 끝날 때까지 그는 한 번도 깨지 않았다. 그냥 우리 집에서 귀대 시간까지 편하게 자게 할 걸 그랬다고 후회했지만 우리는 이미 극장 속에 있었고 군인 손님은 객석에서 곤히 잠들어 있었다.

그 때 본 연극이 『밤으로의 긴 여로』인 거 같아서, 이제는 분위기만 기억나는 1, 2, 3, 4 막의 시점들과 줄거리, 유진 오닐의 작품 세계와 퓰리처상을 네 번이나 받은 그의 다른 작품들, 『상복이 어울리는 엘렉트라』, 『느릅나무 밑의 욕망』을 우선 찾아보았다. 『밤으로의 긴 여로』 1, 2, 3, 4 막의 불편한 내용들을 읽고 있는데 남편이 말했다. “당신 그 연극 나랑 봤어. 결혼 전에.”

그날 현산씨와 같이 본 연극이 『밤으로의 긴 여로』라고 생각했는데 아니었다. 왜 현산씨와 본 연극이 『밤으로의 긴 여로』라고 생각했는지 모르겠다. 무슨 연극이었는지 생각나지 않지만 연극을 보러 간 건 한 동안 ‘문화생활’을 못했을 그를 위한 배려기도 했던 건데 그는 극장의 불이 꺼지자마자 곯아떨어졌다.

오래 전 그가 강화도 농촌 봉사 캠프에 왔던 날 밤, 우리는 황금빛 여우 한 마리를 데리고 우리들의 숙소인 장화리의 한 초등학교 교실을 찾아와서, 자신의 작은 별에 있는 도도한 장미 이야기를 들려주던 그의 어린왕자와 조우했다. 그때, 20대의 우린 어렸을까 젊었을까.

다음날, 학교 운동장 포플러 나무 그늘 아래서 쉬고 있을 때, 그가 8월 한 낮의 뙤약볕 아래로 넓은 모래 운동장을 가로질러 천천히 내게로 걸어왔다. 뜬금없이 그는 대학원의 김 누구가 잘 다녀오라 하더라고 전해주었다. 그 때만 해도 부산 우리 집은 어머니가 아직 잘 견디고 있을 때라 집안은 얼음 알 같이 깨끗하고 저녁상에는 석쇠에 흰 종이를 놓고 구워내시던, 신기하게도 하나도 타지 않은 꿀처럼 단 불고기가 있었다. 내가 무서운 게 없던 시절이었다. 건방을 떨었다는 얘기다. 그는 잘 기억하지 못하는 내게 그 김 누구와 내가 어디서 처음 만났는지 알려주기도 했던 것 같다. 그건 성공회에서 같이 세례를 받은 박 프란시스 주교님이 고대 합창부 공연에서 4중창을 하던 날, 김진만 교수님과 내가 같이 가서 성공회 학생회 대표로 '맹꽁' 뭐 그런 노래를 부른 네 사람 중 누군가에게 꽃다발을 주었고 그 김 누구가 내 뒷자리에 앉아있었다. 그 김 누구는 방송에서 내가 바보 같은 소리를 한참 떠들고는 창피해서 죽는 줄 알았던 TBC 동양방송의 연말 대학생 좌담 프로 피디였다. 그 김 피디가 방송국을 때려치우고 대학원에 들어와 있었다.

현산씨가 학교 외국어실험실의 불어조교로 있던 기간과 내가 영어조교로 있던 기간이 잠시 겹쳤을 때, 내 가와데 쇼보 화집에 나오는 화가들의 작품 제목들을 번역해 주었는데, 24권을 다 봐준 건 아니었지만 제목이 일어와 불어가 병기 되어 있는 그 그림들을 일어도 불어도 모르면서 보고 또 보니까 그랬는지 꽤 여러 권을 읽어주었다.

지난 8월 힘든 투병 끝에 현산씨가 별세했다. 내 맘 속에 그가 휴가 나왔을 때의 그 상황이 늘 미안하게 자리 잡고 있었는지, 그의 수목장이 있던 9월 29일, 포천 그의 집 마당에 있는 나무 아래에서 가족과 친구와 제자들이 모여서 그를 보내고 있을 시간쯤에 문득, 오래 전 귀대 시간까지 남은 시간을 같이 있어주려고 들어갔던 명동 국립극장에서 연극이 끝날 때까지 현산씨가 곤히 자던 생각이 났다.

유진 오닐은 유년기와 청년기의 슬픔과 암울함을 극복하고 미국 드라마를 예술의 수준으로 끌어올린 극작가다. 두 작가가 겹쳐 생각나는 건 왜일까? 그래서 그 날 같이 보러 갔던 연극이 「밤으로의 긴 여로」였다고 생각했던 것 같다. 황현산 교수는 우리에게 그토록 아름다운 글과 이야기들을 남기고 떠났다. 그 화려한 비상의 시간이 너무 짧았다.

— 2018년 10월

이름이 안 나와서 반대하는 이유,

"얘, 난 반대야." 어리둥절해 하는 내게, "시인은 가끔 시에 이름이라도 나오지, 평론가는 공부는 죽어라 해야 되고, 책에 네 이름 한 번 나올 일도 없지 않니?"

내 남자 친구 이야기를 들으셨는지 불문과 정숙정 선생님과 교정에서 마주쳤을 때 나를 붙들고 하신 말씀이다. 선생님은 평복수녀셨는데 문과대학에 여자 교수님이 여학생만 듣던 '가정학 개론'으로 기억하는 과목을 가르치시던 이태현 선생님과 정숙정 선생님 두 분 뿐이셔서 우리들과의 관계가 특별했다. 이태현 선생님처럼 과목을 듣는 우리에게 남자친구와 같이 댁으로 부르셔서 가든파티를 하신다거나 그런 건 아니셨지만, 늘 입고 다니시는 많이 길지 않은 검정치마 한복이 교정에 보이면 우리들은 기다려서라도 선생님을 뵙곤 했다.

선생님께서 그렇게 말씀하신 데는 많은 다른 이유가 있으셨겠지만 정작 반대하시는 이유를 그 정도로 해주셨던 건, '너 괜찮겠어?'라는 걸 난 알았다. 어머니가 돌아가신 일이나 내 사정도 알고 계셨고, 내 남자친구와 그의 형편도 대충 아셔서 걱정하셨던 것 같다.

한 십여 년 쯤 전부터 남편과 나는 은사들이 한 분 두 분 돌아가시니까, 소식을 전혀 듣지 못하던 두 분, 영문과의 박긍수 교수님과 불문과 정숙정 교수님 안부를 여기저기 알아보고 있었다. 국문과와 달리 영문과는 정년하신 교수님들의 자료가 아예 없었고 불문과는 남편이 학문적으로 특별히 많은 영향을 받았던 강성욱 교수님이 돌아가신 후로 대학 시절 친구인 황현산 교수 말고는 왕래가 없어 정숙정 선생님 소식을 알지 못했다.

박긍수 선생님은 내가 졸업하기 전 4학년 여름에 경방에 추천해주신 분이다. 결혼하면서 대졸 여직원이 내가 처음이라, 고졸 여직원들이 결혼하면 퇴사하는 규정을 적용해야 할지를 두고 회사측에서 고민하셔서, 기다려보라는 윗분들의 배려에 감사하다 하고 회사를 나왔다. 회사를 나오자 교수님은 이번에는 교과서를 내는 출판사에 추천해 주셨다. 남편과 찾아갔던 출판사 사장님과는 같이 일해보자고 악수도 했지만, 그 출판사에서 가을에 교과서를 낼 때부터 많이 바쁠 텐데 괜찮겠냐고 하는 바람에 9월 출산에정이던 나는 스스로 하루 만에 퇴직을 했다. 정숙정 선생님께서는 막내 동생이 대학에 오자 성당 기숙사에 추천해주셔서, 그 아이는 대학을 졸업하고 병원 기숙사로 들어갈 때까지 명동의 가톨릭기숙사 〈전진상관〉에서 학교를 다녔다. 덕분에 그 아이가 대학을 다니는 동안 사보이 호텔 앞 〈영양센터〉 통닭과 기숙사 앞 함흥냉면을 많이도 먹었다. 신영이가 통닭을 좋아해서도 많이 갔지만, 지금 생각하면 내가 데리고 있을 수 없는 미안함 때문에 그랬던 것도 같다.

궁금했던 박긍수 교수님은 정년 후 6년 정도 후에 돌아가신 걸 알게 되었지만 불문과 정숙정 교수님 소식은 알아내지 못했는데, 어느 날 남편이 전화번호 2개를 갖다 주며 연락 드려보라고 했다. 031로 시작하는, 휴대폰 끝자리를 공유하는 번호가 서울이 아닌 건 알았다. 휴대폰과 끝자리를 공유 한다면 수녀원 같은 데는 아닌 것 같아서 일단 031로 전화를 했다. 그런데 '없는 번호'라는 안내가 나온다. 이사를 하셨을 수도 있는데, 그래도 휴대폰으로 전화 드리기가 좀 그래서 며칠을 벼르기만 하고 있다.

이틀 집을 비웠다가 돌아온 내게 남편이 책 한 권을 내민다. "선물이야" 하며. 『에세이문학』 가을 호 초대수필, 「함양의 용소」. 여기서 남편은 '아내', '안 사람', '수필가 박경화씨' 등으로 나를 불러놓고는, "이름 나왔지?" 한다. 평론에 안 나오는 건 맞았다.

어쩌다, '글 속에 이름도 안 나온다'고 하신 선생님 말씀이 생각

날 때면 장난으로 또는 진심으로 “이름도 안 나온다고 하실 때, 선생님 말씀 들을 걸” 이라는 말을 너무 많이 했나 보다.

— 2017년 9월

Poverty Porno

비틀스의 가장 어린 멤버였던 조지 해리슨은 1970년 비틀스가 해산하자 그 다음 해 뉴욕에서 방글라데시의 기아 퇴치를 위한 콘서트를 연다. 밥 딜런, 에릭 클랩튼 등이 같이 한 이 캠페인이 유명 인사들을 내세워 하는 기아 퇴치를 위한 캠페인 방송의 시작이 되었다고 한다.

잘 생긴 정우성이 진지한 얼굴로 TV에 나와 어려운 아이들을 돕자는 홍보를 하는 모습을 보면 참 고맙다. 누군가는 해야 할 일을 유명인이 하면 더 효과적이라는 데에 나는 전혀 반감이나 이의가 없다. 유명인이나 연예인이 참혹한 상황의 아이들을 데리고 나와서 그 아이들을 도와달라고 캠페인을 벌이면 후원금이 수억 달러 씩 들어온다고 한다. 어떤 사람들은 이런 캠페인을 가

리켜 가난을 상품화한다는 뜻으로 'poverty porno'라는 말을 쓴다. 그들이 왜 그런 말을 하는지 이해하지 못하는 건 아니지만 대안을 제시하지 못하면서 비난하는 건 옳지 않다는 생각이다. 굶는 아이들을 위한 후원금이 수억 달러 씩 들어온다는데 다른 어떤 이유가 필요할까?

시름시름 앓다가 한 한 달 정도는 죽도록 아팠다. 답답한 딸이 양배추를 데쳐 즙을 해주기도 하고 감자를 갈아서 물을 마시게도 하고 애를 쓰고 있었지만 종류대로 사온 죽도 먹을 수가 없었다. 중간에 건강 검진을 하고 결과를 보고나서 진료를 받을지 결정하자는 거였는데 혼자 병원에 갈 수 없는 형편이 될 때까지 굶고 있었다. 그냥 참아본다는 것이 점점 더 아프고 견디기 힘든 정도가 되고 말았다.

참 이상했다. 자꾸 어머니가 꿈에 보였다. 심장성 천식으로 힘들어하던 막내 동생 신영이가 '정신은 멀쩡한데 숨이 가버리는' 스물여섯 번의 응급상황을 더 이상 견디지 못하고 마흔 다섯에 세상 놓을 때, 어머니가 내 침대에 같이 누워있는 꿈을 꿨었다. 잠이 깨자 너무 생생해서 남편에게 "엄마는?"하고 묻기도 했다. 그 생각이 나서, 어머니가 이번에는 날 데리러 왔나 싶었다. 그러다 집으로 건강검진 결과가 오고 수치들이 잘못 나왔나 싶을 정도로 높게 또는 낮게 나왔을 때에야 놀라서 병원에 갔다.

많이 아플 때 늘 하듯이 젊은 선생님에게 죽는지 물어보았다. 수

액으로 씻어내면 다시 신장이 회복될 수 있다는 대답을 듣고 나니, 이렇게 죽나보다 하면서 그 동안 참아온 견디기 힘들었던 복통과 두통이 억울했다.

갑상선 암 수술 후 4년 정도 되었을 때 그 동안 먹고 있던 칼슘이 흡수가 잘 안 된다며 내분비 내과에서 늘여준 비타민 D 때문에 급성신부전이 왔던 것 같았다. 처방대로 나는 비타민 D를 배로 늘여서 먹고, 검사도 계속 했는데 바쁜 선생님은 그 동안 검사상의 내 칼슘 수치를 확인하지 않았던 걸까? 입원 후에야 병동 간호사실에서 내 상태를 브리핑 해 준 전공의로부터 어떻게 된 건지 들었다. 그 동안의 점점 높아지는 칼슘 수치가 나와 있는 그래프를 내 눈으로 확인하고 나서야 반 년 가까이 오리야 기리야 하던 내 상태를 이해할 수 있었다. 나는 그냥 죽을 때가 된 줄 알았다.

식품영양학과 교수인 친구가 비타민 D라는 난해한 약의 기전을 찾아봐주고 계속 내 상태를 체크해 주었다. 비타민 D는 몸 밖으로 나가는 칼슘까지 도로 신장으로 가져다 쌓는 일도 한다는 것이다. 치료하는 동안 친구가 논문들을 찾아봐준 덕분에 근 6개월간의 죽어가는 것 같던 그 힘든 느낌이 무엇 때문이었는지 알 수 있었다. 칼슘을 흡수시키는 데는 비타민 D만 한 것이 없긴 한 모양이었다. 신장에 가득 찬 칼슘 때문에 신부전이 진행되는 줄 모르고 만사가 귀찮아서 '안식년'을 하겠다며 소모임 단톡방들을 다 탈퇴하고 더 이상 글을 쓰지 않았다. 정확하게 말하면 글을 쓸 수 없었다. 아예 스스로 죽는 시나리오를 만들어 놓은 담이라, 죽는 걸 기정사실로 하고 보니 죽기 전에 누굴 만나기가 싫었다. 굶는다는 게 어떤 건지 몰랐다. 내가 운이 좋았는지 부모를 잘 만나서였는지 자랄 때 굶어본 적은 없다. 굶기는 아버지보다 첩들 들여놓는 아버지가 더 나은 걸까? 그럴지도 모른다는 생각이 들긴 한다. 굶으면 죽으니까.

어른이 되어서는 내일 눈 뜨지 말았으면 하는 기도 밖에 할 수 없을 때 굶었다. 그것 말고 할 게 없었으니까. 숨이 막힐 때 굶는 것이 버릇이 되었다. 이틀 사흘 굶는 건 보통이었는데 어느 때, 어떻게 해도 견딜 수가 없어 열흘 동안 계속 굶은 적이 있다. 내가 다른 짓을 못하도록 나를 굶기는 거다. 그러다 열흘간의 단식은 의도치 않은 사고로 끝이 났다. 내가 죽을 만큼 힘들어도 식구들 밥은 먹여야 했으니까 이층에서 쌀을 가지고 내려오려다 나무계단 위에서 쌀그릇을 놓치고 아래층으로 굴러 떨어졌다. 계단을 구르고 나서 정신을 잃은 게 아니라 정신이 들었다. 내 공황상태 열흘 동안 아이는 어쩌고 있었을까? 어릴 적 우리 어머니는 안 먹는 걸 무기로 유세 떠는 어린 딸을 하루정도는 굶길 수 있어야 했다. 괴롭다고 굶다니, 그것도 열흘씩이나.

복통 때문에 거의 아무 것도 먹지 못하고 물만 마시고 있었던 근 한 달 동안, 복통에 두통까지 몸이 괴롭다 보니 마음도 슬프고 힘들었다. 그런데 이상했던 건 정말 이렇게 끝나는 것도 나쁘지 않다는 생각이 들었다는 거다. 이번에 죽지 않고 이 힘든 복통과 두통을 또 겪으라면 못하겠지만 한 번은 못할 것도 없다 싶었다. 오래 호스피스 봉사를 하면서 병원에서 만나오던 많은 말기 환자들이 임종하는 모습을 봐와서인지 내 마지막이 이 정도면 괜찮은 거라는 생각을 했다. 통증지수 10 중에 7, 8이라 하던 그 사람들은 도대체 얼마나 아팠던 걸까? 건강검진 결과를 보고 가정의학과로 가서 내게 면역억제재와 스테로이드를 처방하는 류마티스 내과를 거쳐 신장내과로 갔을 때 입원을 망설이는 내게 의사는 며칠간 매일 2리터 정도의 물을 마시면 씻어낼 수 있을 거라고 했다. 조금 더 마셔도 된다고 했던 것 같다. 그 동안 물만 마셨는데 계속 죽을 만큼 힘들었다면 물을 마시는 것만으로는 충분치 않다는 생각이 들기는 했다.

갑상선암 수술 후 일 년 정도 되었을 때 방사능 치료를 했다. 작은 핵을 한 알 삼키고 폐쇄병동에서 하룻밤을 보냈다. 핵을 삼킨 후에 잠 들 때까지 물을 마셔서 씻어내야 하는데 이 과정에 물을 너무 많이 마셔서 전해질이 깨지면 일이 복잡해진다고 해서 물 사이사이에 이온 음료를 마셨다. 그 생각이 나서 아픈 동안 물만 계속 마시면서 불안했었다. 친구가 물 2리터에 소금을 한 티스푼 정도 넣어서 마시라고 했다. 그때 쯤 죽을 것같이 괴로워서 결국은 입원을 했다. 병원에 입원해서 며칠 동안 수액으로 칼슘을 씻어

내고 살아났다. 신부전과 고칼슘 혈증으로 인한 복통과 두통을 내가 확대해석해서 사망 시나리오로 만든 거였다. 너무 아팠으니까.

아프리카 어디다. 피골이 상접한 어린 소년이 먹을 걸 얻기 위해 남의 집 밭일을 하러 간다. 누나가 동생을 기다리다 못해 이웃의 고구마 밭에 가서 고구마 이파리 몇 개를 사정사정해서 얻어다 물을 붓고 끓인다. 채 끓기도 전에 국물을 떠서 굶주림에 지쳐 맨 땅에 널브러져 있는 삼촌에게 한 숟갈 떠먹이고 어린 동생에게도 먹인다. TV 다큐 방송은 가끔 나를 반성하게 한다.

정말 중요한 건 사람이 먹고 사는 일일 것이다. 굶는 아이들이 없는 세상을 만들겠다면 정권은 어떤 정권이어도 상관없다는 생각이 든다. 심리학자 매슬로(Abraham Harold Maslow, 미국의 심리학자, 1908~1970)의 욕구 단계(Maslow's Hierarchy of Needs) 중, 가장 하위 단계인 '생리적'(Physiological) 욕구와 그 다음 단계인 '안전'(Safety)에 대한 욕구가 충족되지 않은 사람이 한 사람이라도 남아 있으면 어떤 사람도 상위 단계로 못 올라가게 하는 법을 제정하면 어떨까? 죽을 만큼 힘들 때 나는 매슬로의 어느 단계에 있었을까? 5단계인 '자아 실현'(Self Actualization)? 4단계인 '자존감'(Esteem)? 3단계인 '소속과 사랑'(Belonging and Love)? 나는 그때 2단계나 1단계를 벗어나지도 못했던 건 아니었을까? 아니 나는 나 자신을 무슨 억하심정으로 그곳에 방치했던 걸까?

— 2018년 11월

덜 쾌적하게 하소서

수국 이파리에 앉은 먼지를 호스로 깨끗이 씻어내고 나니 기분이 좀 나아졌다. 엊그제 갑자기 어금니 조각이 떨어지는 바람에 치과에 갔다. 몇 해 전 교수님은 내가 습관적으로 이를 악물어서 아랫니 안쪽에 뼈가 자란다며 마우스피스 같은 장치를 처방해 주었다. 내가 이를 악물긴 하는 것 같았다. 옛날 생각 날 때마다 그러는 건지 어금니가 깨질 정도로 악물다니 딱한 일이다. 이번에는 어금니를 뽑고 임플란트를 하거나, 신경치료를 몇 번 한 다음 잇몸을 잘라내는 수술을 하고 크라운을 씌우거나 둘 중 하나를 해야 된다고 했다.

신경치료를 하느라 건드려 놓은 이빨이 마취가 풀리면서 아팠는데 자고 나니 견딜 만 했다. 그런데 통증이 좀 나아지자 이젠 한 달 후에 할 잇몸 수술이 걱정되기 시작했다. 내가 유독 운이 없었는지 어디를 수술할 때 나쁜 일들이 일어나곤 했기 때문이다. 마음이 불편할 때 보통 온 집안을 쓸고 닦는데, 오늘은 온 집안을 다 닦고 부엌 옆 창고 방까지 다 정리했는데도 일을 더 할 수 있을 것 같았다. 아이도 아니고 불안한 걸 못 견디는 어른이라니, 도무지 불안을 견딜힘이 내 속에 없는 거다.

호스를 발코니로 풀어내면서 '집수리 할 때 마루 밑으로 수도를 뺐어야 했는데'를 되풀이 했다. 호스로 그 동안 분갈이를 할 때 조금씩 떨어진 흙부스러기들을 찾아내가며 바닥 타일을 깨끗이 씻어 냈다. 초여름 오후, 맨발에 닿는 젖은 타일바닥의 느낌이 상쾌했다. 화초들도 화분이 넘칠 때까지 물을 흠뻑 주었다. 며칠 동안 깨져서 떨어져 나온 어금니 조각에 주인이 정신이 팔려 있는 동안 열어둔 창문으로 들어온 먼지가 내려앉아 뽀얗게 된 이파리들도 씻어주고 화분들도 손으로 문질러가며 다 씻어 주었다. 테라코타 화분들은 젖으면 밝은 색이 된다. 젖은 황토색이 좋아 물이 마르면 몇 번이고 화분 겉을 적셔주면서 바깥 창문까지 물청소를 하느라 수돗물을 두어 시간은 틀어놓고 있었던 것 같다.

불안한 마음을 다스리느라 종일 난리를 치고 나니, 집안이 깨끗해져서 기분은 조금 나아졌다. 소파에서 잠시 쉰다는 게, 남편이 무슨 낮잠을 밤잠처럼 자냐며 깨울 때까지 정말 밤잠처럼 자다가, 잠결에 뉴스에서 쩍 쩍 갈라진 논바닥을 보고는 화들짝 잠이 껐다.

어릴 때 외갓집에서 자는 날이면 외삼촌이 학장학교 가는 길옆에 있던 반듯한 사각형의 논 스무 마지기에 물을 대느라 밤중에도 새벽에도 들락거리던 생각이 문득 났기 때문이다. 외할머니는 그 스무 마지기 옥답 한 자락 딱 반 평에 일부러 심는 차나락으로 찹쌀 찐득이(찹쌀로 만든 찐쌀)를 만들어, 대학 때도 서울 오는 인편이 있으면 한 자루씩 보내셨다. 내가 오늘 발코니 타일 바닥에 쏟아 부은 물이면 논 열 마지기는 물을 댈 수 있었을 것이다. 미안하다.

나는 빨래도 거의 강박적으로 한다. 류마티스를 다스리는 면역억제제 때문에 유난을 떠는 면도 없잖아 있지만 원래 깨끗하지 않은 걸 못 참는다. 아버지가 깨끗하지 못하다는 건지, 아버지한테 화나는 걸 왜 엉뚱한데 대고 성화인지. 어쨌든 강박이다. 흰 빨래와 색깔(대체로 검은) 빨래를 이틀 걸러 하는데 이불 빨래는 그 사이사이에 한다. 깨끗하고 쾌적한 환경설정이 내가 가족을 위해 해내야하는 지상 명령 내지 과제인 것처럼.

아프리카 정글 속의 한 부족은 아이들이 독개미 독에 쏘이는 고통을 참아내는 것으로 성년식을 시작한다. 갑자기 손이 오그라드는 것 같은 통증이 느껴질 정도로 생생한 TV 다큐 방송을 봤다. 우리도 조선시대까지 성년식이 있었는데, 남자는 스무 살에 관례(冠禮)를 하고, 여자는 열다섯 살에 계례(笄禮)를 했다. 사람들을 불러놓고 잔치를 벌이면서 머리를 올리는 의식인데, 아버지가 가장 존경하는 사람을 청하여 관례의 진행을 부탁하고 그분에게서 남자들은 자(字)를 받는다. '자'가 없으면 관례를 하지 않은 것이다. 여자는 '자'를 받지 않았으나 허초희 난설헌(蘭雪軒)이 경번(景樊)이라는 '자'를 가진 것을 보면 허균의 집안에서는 딸을 아들과 동등하게 키웠던 것 같다. 그러나 성년식에 해당하는 우리의 관례는 잔치가 전부였다.

정글의 아이들이 아직 어릴 때 하는 이 '어른이 되는 의식'에서, 독침에 찔리면 벌에 쏘이는 것보다 백배는 더 아프다는 독개미들을 기워 넣은 장갑 안에 손을 넣는다. 그들은 우리와 비슷한 옷을 입고 머리를 노랗게 물들이기도 하지만 전통을 소중하게 지킨다. 어른들은 장갑 속에 손을 넣을 아이들의 손목에 그림도 그려주고, 독개미에 쏘인 후에 손을 담가서 통증을 완화시킬 약초탕도 끓인다. 극심한 고통을 견뎌내고 성년식을 치른 아이들은 마을의 가장 높은 어른과 같이 차를 마실 수 있다.

부모 뿐 아니라 온 마을이 그런 의식을 통해 아이들이 자존감을 가질 수 있게 하고 살면서 어려운 일을 당했을 때 잘 견디고 이겨낼 수 있도록 어른이 될 준비를 시키는 것이다. 전통이 평생의 스승이라는 상징으로 승화되는 것이다. 전통을 지키는 부족에게 내리는 상인지 영국의 학자들은 독개미의 독 속에 그들이 정글의 절대 가난과 위험 속에서도 평균 수명이 80세가 될 수 있게 하는 유익한 성분이 들어 있다는 것을 밝혀내기도 했다.
우리는 아이가 어려움 없이 편안하고 행복하게 살게 해 줄 생각만 한다. 아이 스스로 불편함을 참고, 어려움을 견디고, 문제를 해결할 수 있도록 맡겨두지 않는다. 세상이 어떻게 해도 항상 편안하고 행복할 수만은 없음을 살면서 배웠는데도.
많이 불편하고 많이 부족하게 살 자신은 없다. 독개미도 너무 아플 것 같다. 그러나 주님, 적어도 이제는 우리 아이들을 위해 조금은 덜 쾌적함을 견딜 수 있게 하소서.

— 2017년

Being a Rainbow

아버지의 야구사랑은 대단했다. 시즌이 되면 회사가 끝난 다음 나를 야구장에 데려가시려고 학교 앞에서 기다리시곤 했다. 중계방송을 들으면서 경기를 보시기도 했는데 옆에 앉은 사람들이 라디오를 크게 틀어달라고 할 때도 있었다. 결혼하고 라디오 야구 중계를 틀어놨더니 남편이 이상해 했다. 야구중계가 재미있었던 게 아니고 아버지가 그리웠던 건데 남편은 이해할 수 없었을 것이다.

신문 칼럼을 읽고 〈42〉라는 야구영화를 찾아봤다. 〈42〉는 최초의 흑인 메이저 리거, 잭 루즈벨트 로빈슨의 등번호이다. 그는 UCLA를 졸업하고 2차 대전 당시 종군했다. 1946년 브루클린 다저스의 구단주 브랜치 리키는 흑인 야구선수 재키 로빈슨을 알아보았고 처음으로 흑인 선수를 기용한다. 그 당시 메이저 리그에는 백인 선수가 400명이었는데 다음해는 백인 메이저 리거 399명과 흑인 메이저 리거 1명이 뛰게 된다. 그가 처음 필드에 나선 1947년 4월 15일을 기념해 4월에는 야구장의 안팎에서 모든 선수들이 등 번호 42번이 붙은 유니폼을 입는다고 한다. 등 번호 42는 메이저 리그가 재키 로빈슨을 기리는 영구결번이기도 하다. 그가 비난과 차별과 온갖 협박을 딛고 선수로 성공할 수 있었던 건 구단주 브랜치 리키라는 인물이 흑백 차별에 대한 반대 입장을 취하고 흑인 선수를 메이저 리그에 선발함으로써 가능한 일이었다. 그의 격려와 지지 속에서, 재키는 백인들의 비난과 협박에 '대응하지 않는 배짱'으로, 결국은 실력을 인정받고 흑인 최초의 메이저 리거가 된다. 브루클린 다저스가 재키 로빈슨을 영입한다고 했을 때, 처음에 흑인선수와 함께 뛰지 않겠다는 진정서를 작성하고 서명도 했던 팀 동료들이 얼마 안 가 상대 투수가 던진 공에 재키가 머리를 맞고 쓰러졌을 때 투수에게 달려가 항의하는 일이 발생한다. 구단주의 퇴출 압력도 있었지만, 그의 실력을 인정한 동료들의 지지 또한 그가 고난을 뚫고 백인들 사이에서 야구 선수로 성공하는 힘이 되었다. 재키 로빈슨이 최초로 메이저 리거가 됨으로써 흑인 리그에서만 뛸 수 있었던 다른 흑인 선수들이 메이저 리그에서 뛸 수 있는 가능성도 열렸다. 1947년에 메이저 리그에서 뛰기 시작한 그는 백인 관객의 야유를 견뎌야 했고 상대 선수들의 반칙에 머리를 다치고 종아리가 찢어지기도 한다. 그는 메이저 리그에서 뛰던 첫 해에 신인상을 받고 1949년에는 MVP가 된다. 팀은 1955년 월드시리즈에서 우승한다.

재키가 상대선수의 비신사적인 태클로 종아리가 찢어져 봉합하고 있을 때 구단주 브랜치 리키가 찾아온다. 흑인 선수인 자신을 입단 시킨 이유를 묻는 재키에게 브랜치 리키는 전쟁에서 독일의 파시즘을 이기고 돌아왔으니 이제 미국의 인종차별도 이겨야 한다고 말한다. 하지만 진짜 이유가 무엇인지를 재차 묻는 그에게 브랜치 리키는 40년 전 선수 겸 코치로 야구를 하던 대학시절, 인종차별로 인해 우수한 포수이던 흑인 선수가 피부색 때문에 무너질 때 그를 충분히 돕지 못했다는 이야기를 해주면서, 이제 더 이상 묵과할 수 없는 때가 왔기 때문이라고 말한다. 처음에 재키의 영입을 반대했던 직원이 상대 팀 백인 감독의 야유와 경멸적인 언사 때문에 모자를 팽개치며 그 감독을 가만 두지 않겠다고 화를 내자, 브랜치 리키가 '동정(sympathy)이라는 말은 그리스어로 고통 받다(suffer)라는 뜻인데, 너를 동정한다(I sympathize with you)라는 말은 너와 함께 고통을 나눈다(I suffer with you)라는 뜻'이라고 하던 말이 가슴에 와 닿았다.

재키는 선수생활을 하는 동안 받은 스트레스와 헬멧 없이 맞은 악의적인 투구들 때문이었는지 은퇴 후에 거의 실명상태로 살다가 1972년 53세에 사망한다. 재키의 아내 레이첼은 '재키 로빈슨 재단'을 창설해 미국 전역의 대학생들에게 장학금을 주고 있다.

이미도씨는 글에서 미국의 흑인 시인 마야 안젤루의 "누군가의 구름 속에 무지개가 돼라"(Be a rainbow in someone's cloud)라는 은유를 인용한다. 그는 다른 말로 "누군가의 어둠 속에 등대가 돼라"(Be a lighthouse in someone's darkness)고도 한다. 두 문장 다 대단히 무겁다.

2018년 10월 25일 나는 또 하나의 아름다운 무지개를 보았다. 과일 장사를 하면서 안 입고 안 먹고 고생하면서 모은 전 재산인 400억원 상당의 부동산을 큰 아들이 다닌 고려대에 기부한 김영석(91) 할아버지와 양영애(83) 할머니 부부의 이야기가 보도 되었다. 미국에 있는 두 아들이 다 잘 살고 있고 집 한 채씩은 있으니, 부부가 평생 구두쇠로 살며 모은 돈은 대학에 기부해서 인재를 기르는데 보탬이 되도록 하겠다는 두 분에 대한 기사였다.

홍콩 느와르의 대표 배우인 저우룬파(주윤발)는 전 재산 56억 홍콩달러(한화 8100억원)를 기부하겠다고 하는데, 그가 한 달 용돈으로 800홍콩달러(약 11만원)를 쓰고 대중교통을 이용한다는 보도에, 관절 탓을 하면서 조금 불편하면 차를 가지고 다니는 내가 좀 그렇다.

무지개를 찾아 길 떠난 아이처럼 평생 헤매고나 다닌 나는 애초에 '누군가의 구름 속 무지개'가 될 생각을 할 주제가 못 되었던가 보다. 이제라도 내 속에 작은 무지개 하나 화초처럼 키울 수 있을까?

— 2018년 10월

오래된 미래

『오래된 미래: 라다크로부터 배운다』(Ancient Futures : Learning from Ladakh)는 스웨덴의 언어학자 헬레나 노르베리 호지(Helena Norberg Hodge)가 쓴, 인도의 북 쪽 끝자락 라다크에 관한 책이다. 그녀는 1975년부터 1991년까지 16년 동안 라다크에 거주하면서 리틀 티베트라 불리는 라다크의 전통, 척박한 대지, 그들의 삶, 불교생활의 양식과 샤먼 등을 들여다본다. 그들의 삶에 매료된 그녀는 인도의 라다크 개방에 따른 서구문화의 유입으로 변해가는 라다크를 보고 무분별한 개발이 아닌, 사회적, 환경적으로 지속가능한 개발을 위해 라다크를 위한 프로젝트들을 만든다.

문창용 감독의 〈다시 태어나도 우리〉라는 다큐멘터리를 보았다.

감독은 중국의학 다큐를 찍으러 간 해발고도 3500m에 위치한 라다크의 오지 마을 삭티에서 티베트 전통의술로 마을 사람들을 치료하는 의사(암치)이자 승려인 우르갼을 만난다.

노인은 다섯 살 난 동자승 파드마 앙뚜를 데리고 암자에서 살고 있다. 동자승은 자신이 전생에 족첸 귤멧 나톤 왕보라는 티베트 고승이었음을 기억한다. 이 다큐는 전생의 훌륭한 고승의 현신인 '린포체'로 태어난 파드마 앙뚜와 그 아이에게 극존칭을 쓰며, 먹이고 입히고 교육 시키는 스승 우르갼의 이야기다. 문창용 감독은 그렇게 어린 린포체가 자라는 과정을 8년 동안 기록한다.

린포체는 전생의 고승이 생을 마감한 후에 다 이루지 못한 업을 계속하기 위해 다시 태어나는 사람이라고 한다. 다섯 살 린포체, 파드마 앙뚜는 티베트의 캄에 있는 자신의 사원과 수많은 제자들, 그의 지도로 수행하던 비구니 50명까지 기억한다. 높은 곳에 있는 아름다운 사원과 호수를 정확하게 기억하는 앙뚜를 그의 전생을 아는 제자들이 찾아와서 티베트의 캄으로 모시고 가야 하는데, 아무 연락이 없다. 중국이 티베트를 점령하면서 인도에서 티베트로 가는 길을 막아버려 제자들이 린포체를 모시러 올 수가 없는지도 모른다.

스승 우르갼은 인도 동북부의 티베트 국경에 있는 시킴의 사원에 가서 전생의 티베트를 기억하는 파드마 앙뚜가 린포체임을 인정받는다. 앙뚜는 여섯 살에 라다크 사원에서 린포체로 즉위한다.

린포체로 인정받은 앙뚜가 사원에서 기거하며 교육을 받지만 한 사원에 린포체는 한 명만 있어야 한다는 원칙에 따라 사원에서 나오게 된다. 사원에서 쫓겨나 학교로 간 린포체는 늘 우수한 성적으로 학업에 열성을 보이고 우르갼 스님으로부터는 린포체로서의 교육을 받는다.

시간이 흐르면서, 여섯 살에 린포체로 즉위했을 때 마을에 린포체가 났다며 축복해주던 동네 사람들이 사원에서 쫓겨난 린포체를 거지 취급하며 '사기꾼', '먼지 속의 린포체' 등으로 부르면서 경멸하게 된다.

꿈에 캄 사원을 보곤 한다던 앙뚜는 나이가 조금씩 들면서 이제 티베트 캄의 기억이 점점 사라지고 있다며 힘들어한다. 옛날 우르갼의 제자이자 현재는 라다크 사원의 동자승 교육을 맡고 있는 스님의 배려로 다시 사원에 들어갔던 린포체 앙뚜가 동자승들과의 단체생활을 견디지 못하고 우르갼의 암자로 돌아온다.

동네 사람들의 멸시를 못 견뎌하는 앙뚜를 보다 못한 스승 우르갼은 린포체를 데리고 티베트의 캄 사원으로 떠날 결심을 한다. 설산을 넘어 티베트로 들어가거나 그것이 불가능하면 설산 꼭대기에서 캄 사원을 보기라도 하는 것이 그들의 목표였다. 그들은 티베트의 국경으로 가기 위해 길을 나선다. 라다크의 삭티 마을을 떠나 뉴델리까지는 비행기를 타고, 뉴델리부터는 석가모니께서 수행하신 후 처음으로 설법을 행하신 바라나시로 해서 때로는 배를 타고 때로는 트럭을 얻어 탄다. 그러나 대부분은 걸어서 티베트 국경의 히말라야 설산 위, 캄이 내려다보인다는 곳까지 가는 두 달 반의 여정을 문창용 감독이 함께 한다.

강가에서 시체를 태우는 사람들을 보며 우르갼은 앙뚜에게 죽은 이를 화장한 재를 갠지스 강에 뿌리면 그가 다시는 윤회의 고통을 겪지 않게 된다는 이야기를 해준다. 영화에는 호텔에서 창밖으로 보이는 산에 있는 집들이 밤에 켜 둔 전기 불을 본 앙뚜가 스승에게 삭티에서는 별이 하늘에 있는데, 인도에서는 별이 산에 있다고 말하는 예쁜 장면도 나온다.

두 사람은 천신만고 끝에 설산에 오르지만 눈보라가 거세게 불어대는 산 정상에 안개가 끼어 지척에 있을 캄 사원을 볼 수 없었다. 스승에게 엎어져서 우는 앙뚜에게 우르갼은 작은 소라 나팔을 주며 바로 아래 어딘가에 있을 사원의 제자들이 들을 수 있게 불어보라고 한다. 두 손을 모아 소라 나팔을 잡은 앙뚜는 온 힘을 다해 깊고 낮은 나팔소리를 낸다. 아이의 오른 쪽 긴 속눈썹 위에 흰 눈 세 개가 내려앉는다.

『오래된 미래 : 라다크로부터 배운다』에서 저자는 라다크의 15% 나 되는 영아 사망률에 대해, 그들이 죽음을 끝이라 생각하지 않는다고 말하는데, 나는 그런 생각에는 동의할 수 없다. 그러나 그녀의 자연생태환경이나 지속 가능한 발전에 관련된 라다크를 위한 프로젝트들과 함께 그곳 사람들이 행복했으면 좋겠다는 생각을 해본다. 달라이 라마는 추천사에서 “전통 농경사회가 아무리 매력 있게 보이더라도 그곳에 사는 사람들이 현대화된 개발의 혜택을 누릴 기회에서 배제되어서는 안 된다”고 말한다.

그녀가 라다크에서 수행하고 있는 많은 아름다운 프로젝트들이 그들의 삶을 좀 더 편안하게 하는 데도 도움이 되기를 희망한다. 이와 함께 선진국들이 지구의 생태환경을 보존하기 위해 생활수준과 성장률을 낮추어 조정하는 대응적 프로젝트도 필요하다는 의견에 전적으로 동의한다.

— 2017년 12월

세 가지 보물

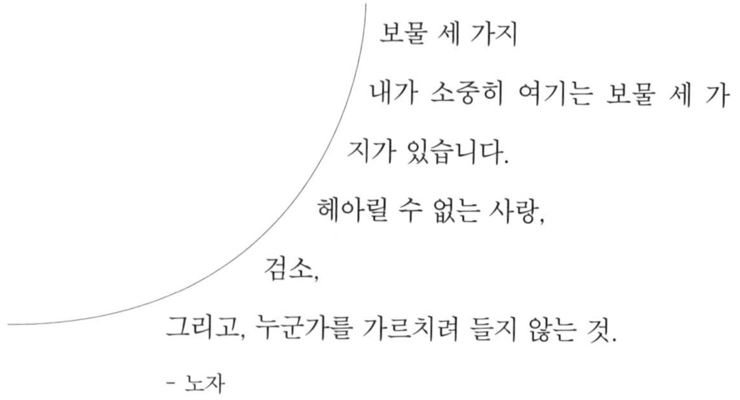

보물 세 가지

내가 소중히 여기는 보물 세 가지가 있습니다.

헤아릴 수 없는 사랑,

검소,

그리고, 누군가를 가르치려 들지 않는 것.

- 노자

주보 뒷면에 신부님께서 적어 두신 글이다. 노자(老子)의 『도덕경』(道德經)을 찾아봤더니 67장에 나왔다. 집 책장에 있는 서로 다른 『도덕경』 번역 열 권 정도를 찾아 67장을 비교해 본 건 갑자기 노자를 공부하겠다는 게 아니라, 마지막 '보물'이 영 야단맞는 기분이 드는 게 찜찜해서였다.

내가 비교적 쉽게 이해할 수 있는 '세 번째 보물'은 1995년 북경 대학출판사에서 나온 도정곤(Gu Zhengkun)의 영역이었다.

The first is mercy;
The second is thrift;
The third is unwillingness to take the lead in the world.
Being merciful, one can be brave;
Being thrifty, one can be generous;
Being unwilling to take the lead in the world,
One can become the leader of the world.

이 부분을 번역하면 다음과 같다.

첫 번째는 자비이다;
두 번째는 검약이다;
세 번째는 세상의 선두에 서지 않는 것이다.
자비롭기에 용기를 낼 수 있으며,
검약하기에 너그러울 수 있으리;
세상의 선두에 서려하지 않기에
세상을 이끌 수 있게 된다.

“누군가를 가르치려 들지 않는 것”과 “세상의 선두에 서지 않는 것”이라는 번역이 같은 원문을 공유하다니 믿어지지 않았다.

다른 번역들을 살펴보았는데, 1992년에 나온 유영모의 『老子 에세이』의 경우, 그 분이 만든 말이나 그 분만 쓰는 이상한 어휘들이 많아 난해했지만, 세 번째 보물에 대한 설명은 “잘난 체하여서 큰 그릇은 되지 못 한다”로 나와 있었다. 세상의 앞에서 잘난 척하지 않아야 큰 그릇이 된다는 말인 것 같았다.

2007 년에 중국에서 나온 대중화문고 중한대역 『老子』가 최근 번역인데, 여기에는 이 부분이 다음과 같이 나와 있다.

> 我有三寶, 持而保之.
> 一曰慈, 二曰儉, 三曰不敢爲天下先.
> 慈故能勇; 儉故能廣; 不敢爲天下先, 故能成器長.

> 나에게는 세 가지 보배가 있는데 나는 그것을 간직하고 보존한다.
> 하나는 자애이고,
> 둘째는 검약(儉約)이고,
> 셋째는 감히 세상 사람들의 앞에 서려 하지 않는 것이다.
> 자애롭기 때문에 용감할 수 있고,
> 검약하기 때문에 크고 넓어질 수 있고,

감히 세상 사람들의 앞에 서려 하지 않기 때문에
만물의 우두머리가 될 수 있다.

마지막으로 1992년에 나온 중국 출신 장종원(張鍾元)의 『道』에는 이 부분이 아래와 같이 해설되어 있다. 엄석인은 이를 아래와 같이 번역하였다.

하나는 도타운 사랑이며
둘은 아낌이며
셋은 이 세상에서 첫째가 되길 바라지 않음이다.
도타운 사랑이 있기에 용감할 수 있고
아낌이 있기에 자기를 넓힐 수 있고
세상에서 첫째가 되기를 바라지 않기에
자신의 능력을 완전히 이룰 수 있다.

이 번역들을 읽으니 이제야 마음이 좀 놓인다. 며칠을 『도덕경』 67 장과 씨름을 했던 이유는 번역이 어색하거나 이해할 수 없으면 꼭 이것 저 것 다 뒤져서 해결할 수 있어야 해서였지만, 주보를 보는 순간, 평생 다른 사람이 틀렸다며 가르치려 한 내가 그 동안 해온 하수 짓을 들킨 것 같아 얼굴이 화끈거렸기 때문이었다.
얼마 전, 어느 수사님의 묵상록이 번역 때문에 잘 읽히지 않아

인터넷 서점 아마존에서 캐나다에 딱 한 권 있는 200원 짜리 원본 헌책을 2만원이 넘는 송료를 내고 샀다. 내가 가진 번역으로는 도저히 묵상도 기도도 되지 않아서였다. 내가 번역만 갖고 이랬겠는가?

사실 나는 평소에 작은 일이라도 제대로 되지 않으면 다른 걸 못한다. 어릴 때, 어머니께서 나를 달래시며 많이 하신 말씀이 "성이 말라서"였던 생각이 난다. 참을성 없고 급한 성질을 늘 받아주시던 어머니 앞에서 원하는 게 있으면 항상 "성이 말라서" 하시며 들어주실 때가지 무슨 짓을 했던 것 같다. 받아 줄 어머니가 안 계신 지금 나는 비교적 안전한 것에다 대고 마른 성질을 부리고 있는지도 모르겠다.

그렇게 한 주일을 노자와 함께 한 후, 주일 미사가 끝나고 신부님과 악수를 하면서 생각했다. 한 주일 동안 노자를 읽으며 번역을 비교하고 그 동안 '세 가지 보물'에 대해 성찰하고 반성했으니 잘난 척한 교만에 대한 성사는 안 봐도 될지 모르겠다고. 성령께서 평생 다른 사람을 학생들한테 하듯이 가르치려드는 선생질 본능, 큰 언니 본능에 빠져 산 나를 반성시키려면 신부님 정도는 되셔야 함을 아신 거였다. 아멘!

— 2015년 7월

무지개와 푸른 장미

동생은 하나 둘 사다 준 유리동물들을 제 책상 위에 가지런히 세워서 유리동물원을 만들었다. 다섯 살 아래 동생이 아플 때 내가 학교 앞 문방구에서 작은 유리동물 인형을 사다 주면 좋아했다. 사슴이었는지 노루였는지 조그맣고 투명한 유리 공예품이 예뻐서 사다주곤 했더니, 유리로 만든 동물 인형들로 유리 동물원을 만든 것이다.

이공대 한 쪽을 쓰던 교양학부 시절을 들떠서 보내고, 본교에서 전공을 공부하기 시작했을 때, 이호근 선생님의 영시 강의를 좋아했다. 워즈워드의 "My heart leaps up when I behlod"[14]를 시

14. 영국의 낭만주의 시인 윌리엄 워즈워드 (William Wordsworth, 1770~1850)의 시.

작으로 키츠의 "Ode on a Grecian Urn"을 멋있게 읽으시던 선생님 강의에 매료된 우리들이 학장실까지 선생님을 졸졸 따라다니던 모습을 떠올리면 그 그림이 예쁘다.

오래 전 인용했던 색채관련 내용을 확인하느라 다른 번역의 탈무드를 보다가 나는 내내 해결되지 않았던 「무지개」의 한 구절, "The Child is Father of the Man;"의 'father'라는 단어가 히브리어로 교사라는 뜻이 있다는 걸 알게 되었다. 몇 십 년 동안 명쾌하지 않던 '아버지'가 해결 되었다고 할까 그런 기분이 들었던 기억이 있다. 시인의 'father'라는 어휘가 다른 걸 의미했을지도 모른다는 생각을 안 했던 건 아니지만 찜찜한 느낌은 얼추 없어졌다고 할까.

『유리동물원』[15]을 공부하던 언제쯤이었던 것 같다. 같은 고등학교를 나온 독문과 선배와 호상(虎像) 가는 길 가에 있던 교수식당에서 식사를 한 적이 있었다. 그 선배는 우리가 보통 가는 학생식당에 가지 않고 교수 식당에서 밥을 먹었다. 그때 이미 신춘문예로 등단한 소설가여서 좀 특별했던 것도 같았다. 그 날 우리는 빵을 수프에 찍어먹는 간단한 메뉴를 시켜 먹었는데, 그때 갑자기 창문 밖에 피어있는 두 송이 푸른 장미를 보고 내가 "블루 로

일반적으로 「무지개」(The Rainbow)로 알려져 있다.

15. 『유리 동물원』(The Glass Menagerie), 테네시 윌리엄스 (Tennessee Williams, 1911~1983)가 1944년에 발표한 첫 성공작.

즈"[16] 라고 소리를 질렀다. 선배는 그렇다며 영혼 없는 대꾸를 하고는 빵을 수프에 빠뜨렸다. 그날 나는 그 푸른 장미에 넋이 나가 『유리동물원』을 공부하던 벽돌장보다 두꺼운 영미희곡 교재를 잃어버리는 바람에 다시 사야했다. 식당 건물은 검은 지붕의 단층으로 평수가 좀 큰 주택처럼 보였는데 바깥에 정원이 있었고 정원에는 빨간 장미가 피어 있었다. 햇빛을 차단하기 위해서였는지 밖에서 보이지 않도록 하려고 그랬는지 교수 식당은 유리창에 푸른 색 필름을 붙여 안에서는 밖이 푸르게 보였다. 빨간색에 푸른 색 필름을 대면 퍼플이 되어야 하는데 파랗게 보였던 건 그 필름의 푸른색이 많이 강해서 장미의 빨간 색을 덮어버려서였던 것 같다. 그 해, 나는 장미가 지는 늦은 가을까지 푸른 장미를 보느라 교수식당에서 수프와 빵을 먹었다.

선배와의 인연은 선배가 딸 이름을 무슨 이유에선지 내 이름과 같은 '경화'로 지으면서 평생 이어진 건지도 모른다. 결혼 후 한 십 년이나 지났을까 그녀를 거의 잊고 있을 때, 그녀가 대학 근처 우리 동네로 이사를 왔고 우리는 다시 만났다. 십 년 가까이 한 동네 주민으로 소소한 일상도 서로 알 정도로 가깝게 지내던 우리는 선배가 이사를 가면서 또 한 동안 만나지 못했다. 그러다

16. 『유리동물원』에서 로라가 늑막염으로 결석을 하고 다시 학교에 나갔을 때 그녀가 좋아하던 소년 짐이 "pleurosis"(늑막염) 때문이었다는 말을 "blue roses"(푸른 장미)로 잘못 듣는다.

출판 베테랑이던 선배 남편이 암 치료를 받기 위해 내가 호스피스 봉사자로 일하는 병원에 입원했을 때 또 다시 만났다. 골초인 선배가 병원 복도 끝 계단에서 담배를 피우고 있다가 담배 냄새를 따라 계단 문을 연 나와 마주친 것이다.

색전술 후에도 회생하지 못한 선배 남편이 돌아가시고 병원 장례식장에서 상주가 된 그녀를 만났을 때, 선배는 문상객들과 둘러앉아 소주를 마시고 있었는데 그 중에 상주인 그녀가 술을 제일 많이 마시는 것 같았다. 술을 못하는 나는 취하지 않는 그녀가 부럽기도 했다. 내가 호스피스로서 만나던 환자들의 장례식과는 다르게 문상 온 사람들이나 상주나 떠들썩한 술판에 어울리고 있는 분위기가 마치 축제를 연상케 했다. 연극 연출가인 아들이 이끌고 있는 극단의 멤버들이 극단 이름이 적힌 앞치마를 입고 술이며 음식을 나르고 있는 것도 영락없는 연극마당의 축제 분위기를 낸 상가 집 장면 같았다.

선배가 등단은 20대에 했지만 그 후에 작품 활동이 활발치 않았고 나도 주위를 살필 여유가 없이 사느라 서로 생사도 모르는 채 또 그렇게 한 십 년이 지났다. 그러던 어느 날 선배가 남편의 10주기라며 선배의 소설가 남편에 대해 짧은 이야기를 해달라고 평론가인 내 남편을 행사에 초대 했다. 그 자리에서 돌아가신 분의 지인, 문우, 그리고 한 두 사람 평론가들이 그 분의 출판인으로서, 또 소설가로서의 삶과 작품에 대해 이야기하는 순서가 끝나고, 연출가 아들도 참석자들에게 감사의 말과 아버지에 대한 그리운 마음을 피력하며 십주기 행사가 거의 축제로 마무리되고 있을 때였다. 나도 얼굴을 알 것 같은 연예인이 피아노를 치면서 *When October Goes*를 불렀는데, 그가 부르는 노래가 끝나고, 강연하느라 앞쪽에 앉았던 남편이 웃는 얼굴로 뒷자리의 내게 '갑시다' 하며 다가올 때, 가족석에 앉아있던 선배가 일어서서 사람들 앞으로 나왔다. 자기가 초대한 사람들에게 따로 인사를 하려나보다 했던 우리는 곧 좀 일찍 나올 걸 그랬다는 후회를 했다. 그녀가 일어서서 한 말은 소설가 남편이 술과 친구를 좋아해서 일 년이면 몇 달은 월급을 가져오지 않았고, 권투를 했던 남편이 술을 마시고 들어오면 자주 육박전을 했다는 거였다. 집으로 오면서 남편은 아무 말도 하지 않았지만 나만큼 속이 상하는 것 같았다. 바쁜 시간을 내어 돌아가신 분의 작품도 찾아 읽고 나름 준비하느라 시간을 보냈는데, 좋은 소리하라고 손님들 불러놓고 판은 주인이 깬 느낌이랄까.

그렇게 또 몇 년이 지난 후, 나는 그녀의 황혼사랑에 대해 알게 되었다. 들뜬 목소리로 전하는 선배의 사랑 이야기를 들으면서 나는 문득 오래 전 혼자 케임브리지의 작은 호텔에서 잠시 머물 때 밤에 TV로 본 영화, *Daisies in December*[17]가 생각났다. 선배

17. 1995년, 마크 하버(Mark Haber) 감독이 만든, 조스 액클랜드(Joss Ackland), 진 시

의 황혼사랑은 페이스 북이 만들어낸 작품이었다. 대학 때 평화 봉사단으로 한국에 왔던 사람과 페이스 북으로 연락이 닿았고, 오래 전 서로에게 가졌던 좋은 마음을 확인한 두 사람이 이제 노년의 삶을 함께 하기로 했다는 것이었다. 페이스 북이라는 다리를 건너 40년도 더 전 기억 속으로 단숨에 들어간 거다.

이제 나는 몽상가는 아니라서 무지개 찾아 길을 떠나는 대신 꿈속에서도 흰 종이에 무지개를 그린다. 그것이 내 꿈에게 "괜찮다, 괜찮다" 위로해주는 의식인 것처럼. 오히려 몽상가라고 생각했던 그녀가 땅에 발을 딛고 선 용기 있는 사람이라는 생각이 들기도 한다.

나는 앞으로도 명도(tone), 채도(clarity), 색상(hue, shade)으로 만들 수 있는 모든 경우의 수를 다 찾아낼 때까지 계속 무지개를 그릴 것이다. 오래 전 혜화동 집 벽에 걸린 내 컬러 휠을 보고 "무지개 같아" 하던 꼬마 영은이 말처럼 나의 컬러 휠이 진짜 아름다운 무지개가 되어 내 흰색의 창에 걸릴 때까지. 그리고, 푸른 색 꽃들로 햇빛 좋은 발코니를 가득 채울 것이다. 내 젊은 날의 '푸른 장미'를 잊지 않기 위해.

— 2016년 10월

몬즈(Jean Simmons) 주연의 영국 영화로 유료 양로원에 머물던 노인들의 아름답고 슬픈 사랑 이야기.

생레미 수도원의 성모
고흐가 그려준 내 마음의 쉼표,

오랜만에 교보문고에서 화집들을 넘겨봤다. 내가 몇 십 년 동안 가지고 있는 가와데 쇼보의 화집과는 너무 달랐다. 남편에게 다음 생일에 고흐를 사달라고 했더니 "생일까지 아직 많이 남았는데 지금 사지?" 한다. 가와데 쇼보한테 미안해서 그런다고 대답했지만 내 마음이 진짜 그랬는지도 몰랐다. 어떤 존재에 대한 사랑은 영원히 변하지 않는 경우도 있으니까. 대학시절, 하숙비가 오면 일본 잡지를 파는 명동의 뒷골목에서 가와데 쇼보의 『세계의 미술』(L'Art du Monde) 시리즈를 한 권 씩 샀다. 그 당시는 일본과 수교 전이라, 밀수로 들여오는 일본 책들을 팔았었는데, 12번 『고흐』(Gogh)를 가장 먼저 샀다. 번호순으로 사진 않았지만 그렇게 24권을 다 모았다. 그 당시는 컬러 인쇄가 가와데 쇼보 이상은 없었던 것 같다.

5월에 친구와 프로방스를 다녀왔다. 29년 전에 파리에서 로마로 가면서 잠시 아비뇽에 머물렀던 적이 있었지만 프로방스를 다 본 건 아니어서, 아를이 일정 속에 있는 남프랑스 여행이 많이 기대되었다.

밤늦게 마르세유에 도착해서 다음날 첫 일정으로 세잔의 생가에 들렀다. 화가의 자취를 느껴보려고 이층까지 좁은 계단의 난간을 손으로 만지며 올라갔다. 첫 방문지라 가슴 설레며 시작해서 아래층 기념품 가게의 그림엽서 몇 장과 명주 딸 하영에게 줄 색연필을 사는 것으로 세잔을 끝내고 나왔다. 하영이는 제 엄마 따라 나를 이모라 부르면서 서영이모가 이모 딸인데, 어떻게 자기에게 또 이모인지 헷갈리고 있다. 이십여 분만에 끝낸 세잔이 아쉬워, 그 후에라도 그가 원근법 없이 균형을 표현한 작품, 〈생 빅투아르 산〉의 그 산을 보고 싶었지만 차가 니스로 갈 때 고속도로를 타버리는 바람에 그럴 수 없었다.

다음 일정이 아를이었다. 들판 한 가운데로 한참을 달려서 차는 우리를 허허벌판, 론 강의 좁은 수로 옆, 아래쪽도 위쪽도 끝이 보이지 않는 물가에 내려놓았다. 너무 아무렇지도 않게 놓여 있어서 보고도 몰라 본 도개교(배가 지나갈 때 다리 가운데가 양 쪽으로 올라가면서 열리는 다리)는 바로 고흐의 〈랑글루아 다리〉였다. 프로방스의 5월 햇빛은 내가 어떤 각도로도 그의 도개교를 제대로 찍을 수 없게 그렇게 강렬했다. 어떤 일들이 그렇듯, 내가 볼 수 없지만 실제로는 일어나기도 하는 것처럼 사진에는 담길지 모른다는 생각으로 여남은 장의 사진을 찍었다. 그가 이젤을 어디쯤에 두었을까 가늠해 보느라 두리번거리다가 나는 마지막으로 차에 올랐다.

다음날 엑상프로방스의 일정들이 있었지만 사흘 째 날에 잡혀있는 생 레미 수도원(고흐가 정신착란이 심해지자 스스로 입원했던 곳으로, 그 당시에는 수도원에서 요양원을 운영하였다)이 마음에 가득 차 있어서 피카소 작품들로 만든 '까리에 드 뤼미에르'는 동굴 속을 가득 채운 움직이는 그림들로 인해 속이 메슥거리고 토할 것 같아 빨리 나오고 말았다.

생 레미 수도원 입구에서 수도원의 현관까지, 생 레미 시기의 그의 그림들이 연대 등 설명과 함께 양 쪽에 세워져 있었다. 방문객은 우리 팀이 다였는데, 〈아이리스〉 앞에는 사진을 찍느라 사람들이 서있어서 그림이 잘 보일 때까지 잠시 기다려야 했다. 그가 그린 800여 점의 작품 중 생전에 팔린 그림이 단 한 점 밖에 없지만 지금은 오백억 원을 호가한다는 그의 〈아이리스〉.

건물의 낡은 여닫이 현관문이 양 쪽으로 열렸다. 바로 계단이 나오는 건물 속에는 계단옆 벽이며 복도 벽에 참 많은 그림들이 걸려있거나 세워져있었다. 현지 가이드는 고흐가 이곳에서 요양하는 동안에도 50여 점의 그림을 그렸다고 했다. 실제로 이곳에서

2018년 5월 23일, 햇빛 때문에 눈이 부셔서
사진이 찍히는 것 같지 않았지만 어떤 일들이 그렇듯,
내가 볼 수 없지만 실제로는 일어나기도 하는 것처럼
사진에는 담길지 모른다는 생각으로 찍은
여남은 장의 사진 중 하나이다.

그가 그린 그림은 그보다 훨씬 많다.

계단을 올라가 그가 머물던 작은 방에 들어섰다. 문에서 마주치는 벽에 가로로 침대가 놓여 있었고 설교대처럼 생긴, 윗면이 약간 비스듬한 가로세로가 50cm 정도 되어 보이는 사각형 책상이 있었다. 거기에 캔버스를 놓고 그림을 그린 것 같았다. 잘 키운 라벤더가 보라색의 바다처럼 내려다보이는 창 쪽에 의자가 하나 놓여 있었는데, 나는 그 의자에 앉아보고 싶었지만 그러지 않았다. 안내하는 이가 그의 침대에 앉아 봐도 된다고 하자 잠시 망설이던 사람들이 하나 둘 흰 시트가 덮여 있는 작은 침대에 앉아 사진촬영을 했다. 나는 차마 그의 침대에도 앉을 수 없었다. 그의 예술혼과 광기와 정신착란의 고통이 흰 시트 위에 고스란히 남아 있는 듯해서, 난데없이 그 속으로 아무렇지도 않게 들어갈 수 없어서였다. 수도원 전체를 가득 채운 라벤더의 향 때문이었을까, 보라색 때문이었을까, 가슴이 슬픔으로 가득 차는 것 같았다. 그때, 바깥 어디선가 남자의 비명소리가 들렸다. 그 소리는 마치 정신병동에 갇힌 사람이 발작을 일으키는 듯한 고함소리를 확성기를 통해 듣는 것처럼 그렇게 엄청났다. 비명소리가 계속되는 동안 사람들은 잠시 놀라더니, 정신병원에 와있음을 알려주려는 연출된 효과음이 아니겠냐고 했다. 슬픔엔 충격도 한 해결방법이라 안개처럼 피어올랐던 슬픔은 간데없고 나는 놀란 가슴을 진정시키느라 숨을 몰아쉬었다. 연출이라면 이렇게까지 할 건 없지 않나 싶었지만 비명소리의 정체를 알 수는 없었다.

밀레의 모작들을 보며 계단을 내려오는데, 출입문 안 쪽 구석진 곳에, 들어갈 때 앞만 보고 계단을 올라가서 못 본 그림 하나가 낮게 걸려 있었다. 〈피에타〉였다. 나는 바티칸의 기념품점에서 사 온 〈피에타〉 엽서를 가와데 쇼보 화집 『고흐』 옆에 오래 간직하고 있다. 75개의 작품이 수록되어있는 『세계의 미술』 12번 〈Gogh〉에는 〈피에타〉가 없다. 밀레 모작은 실려 있는데 그가 생레미 시기에 그린 들라크루아 모작인 〈피에타〉는 실려 있지 않았다.

성모님이 아드님을 안으시는 그의 〈피에타〉를 보고나서 나는 마음이 편안해졌다. 그가 생전에 그렇게 좋아하면서도 만나러 가지 못했던 어머니의 품에 안기고 있었기 때문이었다. 빈센트 반 고흐, 그는 오래 전 내 마음 속으로 들어와 깊이 자리해온 찬란한 슬픔이었다. 이제 그는 내 가슴 깊은 곳에서 오래된 슬픔 하나를 걷어내고 대신 그 자리에 커다란 쉼표를 그려주었다. 성모님, 그를 쉬게 하소서.

— 2018년 6월

축제 또는 전쟁

남북한이 서로 만나서 말이 통하는 건, 남한의 최현배, 북한의 김두봉, 두 분 덕분이라고 한다. 두 분 다 주시경 선생의 제자인데, 시인 윤동주가 가장 존경하는 분이라고 한 최현배 선생은 해방되자 연희전문 교수를 잠시 쉬면서 문교부 편수관으로 남한의 언어정책을 주관 하셨는데, 교과서의 문체를 지금의 체계로 자리 잡게 하셨다. 문교부 일을 하시는 동안의 일화가 있는데, 개인적인 용무로 글을 쓰실 때는 문교부 종이를 쓰지 않고 따로 본인이 준비한 종이를 쓰셨다고 한다. 선생은 연세대에서 정년을 하셨다. 북한의 김일성 주석은 소련군 출신인데 김두봉 부주석은 중국군 출신으로 북한의 모든 언어정책을 주관하셨다. 남한과 북한의 언어체계를 주시경 선생의 두 제자 최현배, 김두봉 두 분 선생이 만들었기 때문에 남한과 북한이 지금 만나도 서로 말이 통하는 것이라 한다. 최현배 선생은 일제 강점기(김인환은 그의 문학사에서 일제 강점기를 '실국시대'라 한다.)에 『우리말본』을 쓰실 때, 일제로부터 원고를 지키려고 그날 쓴 원고를 항아리에 묻어가며 완성했다 한다.

아픈 동안, 오래 해오던 호스피스 봉사를 쉬면서 수필 강의에 등록을 했다. 십년 넘어 처음 몇 년은 금요일에, 그 뒤에는 수요일에 암 병동에서 환자들을 상담해오다가 정작 내가 환자가 되어, 그 동안 오래 호스피스를 위해 비워두던 수요일을 병원 대신 집에서 서성이다보니 다른 요일에 있는 일들마저 다 엉망이 되는 느낌이었다. 몸이 좀 나아지면서 수요일에 수필 공부를 시작했는데, 수요일 아침에 집에서 나와 병원을 지나 라이시움 건물까지 가는 동안 무언가 석연찮은 느낌이 들곤 했다. 그러던 어느 날 나는 그 감정이 죄책감이라는 걸 알았다. 한 주일을 가득 채웠던 일들이 대부분 마무리 된 상황에서 꼭 수요일에 수필을 공부할 필요가 없다는 생각이 들자 그 때야 비로소 잊고 있던 걱정이 시작되었다. 그 동안 봉사자 교육은 어쩌고 있었을까? 지금의 내 건강상태로 다시 병원 호스피스에 돌아갈 수 있을까?

그런 가능성을 열어놓고, 수필을 목요일로 바꾸면서 연대 출신 수필가 한 분을 만났다. 내가 4학년 2학기에, 후에 전경련회장을 역임하신, 김각중 화학과 교수님이 경방의 전무로 계실 때, 그 분의 영문비서 겸 수출과 직원으로 잠시 근무했는데, 김 선생님은 바로 그 경방에서 정년을 하셨다고 했다. 그 회사는, 지금은 모르지만 그 때는 많은 직원이 고대 출신이었다. 후배도 엄청 챙겼다. 얼마 다니지 않고 결혼을 하면서 회사를 그만 두었는데, 회사에 나가는 동안 한 번도 혼자 점심을 먹은 적이 없다. 나중에 안 일이지만, 부서의 차장이던 선배는 수습사원인 내 월급이 적다고 선배의 월급에서 얼마씩을 내 급여에 얹어 주고 계시기도 했다. 해병대 전우회, 전남 향우회, 고대 동창회 중 하나만 해당 되어도 굶지는 않는다는 말이 실감 나는 일이 많았다.

그런데 고대 수필반이라는 전혀 예상치 못한 곳에서 고연전이 시작되는 바람에 살짝 당황했다고 할까. 김선생님의 신작 수필에 '고대 법대가 학교냐'라는 대사가 있었는데 (물론 글에서 그 대사를 친 사람이 선생님은 아닌 걸로 나오지만), 고대 법대 출신 수필가이신 교수님께서는 '고법 연상'이라는 건 '다 아는 사실'이라고 받으셨다. 첫 고연전은 거의 무승부로 끝난 셈이었다.

그런데 내가 예상치 못했던 일이 또 일어났다. 어느 날, 김선생님께서 나를 우이천 두루미로 만드신 거다. 목요 수필반에 가던 날 처음으로 다 같이 점심 식사를 할 때, 면역 억제제를 먹고 있는 내가 반찬을 미리 앞접시에 덜었는데 그걸 구석에 앉으신 선생님을 위한 배려로 오해하신 이야기를 수필로 써 오셨다. 글에서, 항상 검은 옷을 입고 다니는 나를 '우이천의 외로운 두루미'로 만드시면서 외교 용어로 말할 것 같으면 '화해'를 청하시는 모양새를 취하셨다. 나 또한 외교적인 형식을 빌려 언젠가 수필집을 내면 선생님의 「신비로운 여인」을 실을 터이니 내 이메일로 원고를 보내 달라고 부탁드렸다.

9월에 열리는 고연전에 1학년 여학생들은 의무적으로 매스게임에 참여해야 했다. 지금은 양교를 합치면 몇 만 명이 되지만 그때는 두 학교를 합쳐봐야 만 명 정도 밖에 되지 않았다. 그렇다 해도 그 많은 사람들 앞에서 춤을 춘다는 게 생각만 해도 숨이 막혔다. 정작 문제는 다른 데서 터졌다. 고연전 기간 동안 앞에서 깃발을 들고 응원을 이끄는 기수 명단에 내 이름이 있었는데, 안 가면 그만인 줄 알았더니 교양체육 학점이 안 나왔다. 그러다 3학년 2학기에 교양과목 학점을 다 따지 않으면 4학년으로 진급이 되지 않는다는 교무처의 경고를 받기도 했다. 결국 한 학기를 본교에서 교양학부까지 다니면서 고연전 기수를 거부한 대가를 치렀다. 4학년 2학기의 고연전은 경방의 남자직원들이 죄다 조퇴를 하는 바람에 나도 같이 얹혀갔는데, 그 사람들 대부분이 고대 출신이었고 그 당시 나는 경방의 유일한 대학생 여자 직원 그것도 고대생 여자 직원이었다.

상대방 선수가 쓰러지면 야비하게도 '밟아라, 오뉴월에 개구리 밟듯'이라 소리 지르고, 양 팀 선수들 사이에 주먹다짐이 시작되고 금세 패싸움으로 번지면, 응원단에서 재빨리, 고대 교수 조지

훈이 작사하고 연대 교수 나윤영이 작곡한 〈친선의 노래〉, "이기고 지는 것은 다음다음 문제다"를 불렀다. 그날, "안암골 고양이(남학생), 야옹(여학생. 연대는 음대 여학생들이 더 높은 소리를 낸다고 했다)"에 대응하여 "신촌골 까마귀(남학생), 까악(여학생)"을 한 열 번은 했다. 입학하자마자 대운동장에서 하는 고연전 단체 응원 연습 때, 대학생이 된 실감이 나게 해 준 노래, 바로 브람스의 〈대학축전 서곡〉 4번 째 곡, '기쁨의 노래'(Gaudeamus igitur)를 라틴어로 부르고나서 나는 졸업을 했다.

아름다운 계절이다. 유난히도 더웠던 여름 끝에 생전 처음 받아보는 선물처럼 그렇게 온 9월이 내게 해준 이야기 한 자루가 있다. 혼자 알고 있으려니 너무 예뻐 여러 선생님들, 특히 연대출신 김선생님께 해드리고 싶은 이야기이다. 최현배 선생께서 어느 날 학교 채플에서 조그만 소리로 열심히 기도를 하고 계셨는데, 무슨 기도를 하시나 들어봤더니 연고전에 꼭 승리하게 해달라는 기도더라는 이야기다.

고연전은 축제이면서 전쟁이다. 언제가 될지 모르지만 수필집을 엮게 되면 꼭 김선생님 글을 언급하려고 한다. '이기고 지는 것은 다음다음 문제'이니까.

— 2018년 9월

슬픈 연가

목단이 있던 곳쯤으로 짐작되는 마당 쪽으로 먼저 가보았다. '이중섭 백년의 신화' 전시를 보러 덕수궁에 들어가서 내가 먼저 간 곳은 성공회 성당 쪽 담장 가까이 목단이 있던 곳이었다. 오래 전 덕수궁에서 보았던 화려한 그 꽃이 아직 있는지 보기 위해서였는데, 이중섭은 슬퍼서 곧바로 마주치기가 불편해서였는지도 몰랐다.

딸아이가 대여섯 살 쯤 되었을 때 목단을 보려고 덕수궁에 데리고 갔던 기억이 난다. 수십 년 만에 만나는 궁은 내 인생의 가장 아름다웠던 시절로 가는 문을 열어 준걸까. 스무 살의 나를 만나러 간 궁의 뜰에는 이제 5월에 피는 목단이 꽃은 다 지고 무성한 잎사귀 사이에 커다란 별 모양의 씨가 영글고 있었다. 지금 우리 모습처럼.
꽃이 졌지만 별이 된 씨앗으로 그 자리에 영글고 있는 모습이 마치 힘들 때 견디게 해 준 젊은 날의 붉디붉은 기억들인 양 반갑고 고마웠다. 씨들은 하늘을 향해 마치 서영이가 연필을 떼지 않고 한 번에 그렸다며 좋아하던 납작한 별처럼 그렇게 웃고 있었다.
성당 기숙사에서 나오면 보이던 성공회 성당 쪽으로 난 쪽문이 아직 있는지 궁금해서 문이 있던 곳 쯤 되는 곳을 두리번거리는데 나무로 막아놓은 안쪽에 돌담이 나무판자 같은 것으로 연결된 부분이 보였다.
 목단이 있는 화단 옆 계단을 올라가 고종 임금이 순종과 커피를 마셨다는 정관헌 앞에 섰다. 정말 그 곳에서 순종은 독이 든 커피를 아버지 대신 마셨을까? 잠시 우울해진 마음으로 뒷길을 걸어 미술관으로 갔다. 미술관 바깥 현수막에는 '중섭'이라는 자신의 이름을 가로로 풀어 쓴 이중섭의 글씨가 걸려있었다. 처음에는 가로 글씨가 정디자인의 정병규 대표의 글씨인가 했다. 혹시 정디자인에서 조선일보 전시의 실무를 맡았나하는 생각에 안내문을 찾아보았다.
어떤 그림은 수십 억 원을 호가한다는 이중섭의 그림들과 그가 아내 마사코와 아이들에게 보낸 편지들이 같이 전시되고 있었다. 남쪽으로 떠나는 가족을 그린 길 떠나는 가족, 마티스 풍의 춤추는 가족, 아내와 두 아이, 네 식구가 함께 있는 또 다른 가족 그

2016년 6월 3일부터 10월 3일까지
덕수궁 국립현대미술관에서 열린
〈이중섭, 백년의 신화〉 전시회에 걸린 포스터

림. 남루한 현실에서 시공간을 넘어 가고 싶었던 건지 은박지에 그린 도원, 그리고 낙원 그림들, 두 어린이와 복숭아. 피난 시절, 가난했지만 가족과 함께여서 행복했던 시절의 그림들, 다른 건 먹을 게 없어 너무 많이 잡아먹어 미안해서 그렸다는 물고기와 게를 함께 그린 파란 게와 아이들, 서귀포의 가난한 행복을 그린 서귀포의 환상. 왜 복사꽃이 아니고 벚꽃인지 궁금한 떨어지는 벚꽃 위의 새, 소 그림들, 그리고 마사코 여사의 인터뷰 때 그녀가 거처하는 작은 공간에 걸려 있던, 닭 두 마리가 죽을힘을 다해 모가지를 빼고 입을 맞추는 부부라는 제목의 그림. 은박지에 눌러 그린 가난한 가장의 그리움과 절망이 뒤섞인 은지화들, 아무 것도 할 수 없는 자신의 신세를 빗대어 그린 묶인 남자.

전시의 피크는 두 번째 전시실의 한 벽면 전체에 비추고 있는, 엄청난 크기로 확대되어 빠른 속도로 움직이는 은지화였다. 벽에 비친 은색의 암각화는 마치 거대한 벽화와도 같았다. 양담배갑의 속지에 그린 작디작은 은지화가 '언젠가 그릴 큰 그림의 밑그림'이라고 했던 그의 소원이 이루어진 걸까. 백배로 확대했다는 영상의 크기에 놀란 가슴이 자꾸 울컥한다.

세 번째 전시실에 전시되고 있는 아내와 아이들에게 보낸 절절한 그리움이 담긴 편지들, 아내에게 보낸 그토록 아름답고 그토록 사적인 연서들을 보며 가슴이 먹먹했다. 또 한 편으론 마음이 불편했다. 편지의 수신인인 주인이 아직 생존해 있는데, 아름다운 만큼 또한 그만큼 지극히 개인적인 남의 부부간의 연서를 우리는 어떤 절차를 거쳐 이토록 공개적으로 보고 있는 걸까?

마사코[18] 여사는 남편의 탄생 100주년 기념 전시회에 앞서 가진 인터뷰에서 오래 전에 어떤 이가 빌려간 백 수십 통이 넘는 남편이 보낸 편지들을 돌려받는 것이 '마지막 소원'이라고 말했다. 그녀가 남편에게 보낸 편지는 다 없어졌다고도 했다. 누가 이 편지들을 수십 년 동안 주인에게 돌려주지 않고 전시하고 팔기도 하는지 부끄러웠다. 30년 전에 전시를 허락 받고 빌렸던 거라면 왜 여태 돌려주지 않았는지, 편지의 주인이 '마지막 소원'이라고까지 하는데, 전시가 끝나는 시월에는 돌려줄 건지. 수십 억 짜리도 있다는 남편 이중섭의 그림과 상관없이 살아가는 그녀의 소박한 삶이 괜스레 미안하다.

그러나 또 어떻게 보면 나 같은 보통 사람이 느끼는 분노랄지 상심이랄지 같은 게 그녀에게는 아무 것도 아닐 수 있겠다는 생각이 들기도 한다. 김수영의 시가 생각난다. "놋주발보다도 더 쨍쨍 울리는 추억이 있는 한 인간은 영원하고 사랑도 그렇다." 어쩌면 그녀에게 이중섭과 같이 산 7년이 그럴지 모른다.

— 2016년 7월

18. '남쪽에서 온 덕이 많은 여자'라는 뜻으로 이중섭은 아내에게 '남덕'이라는 이름을 지어주었다.

같이 놀래요?

대학 2학년 때인가 한 남자를 만났다. 어느 날 아침, 학교 정문 맞은 편 제기동 쪽 골목 안 하숙집에서 나오는데 그 남자가 좁은 골목을 막고 서 있었다. 큰길로 나가야 학교에 갈 수 있어 비키면 가려고 잠시 기다리는데, 그는 큰길을 향해 꼼짝 않고 서 있었다. 중간키에 말라도 너무 마른 그는 책 두어 권을 한 손으로 옆구리에 붙여 들고 서 있었는데 그 자세로 내가 나갈 골목길을 완벽하게 봉쇄하고 있었다.
지나가겠다는 내 말에 들고 있던 책을 떨어뜨리고 만 그는 그 아침에 그 골목 어귀에서 아침부터 웬 망연자실이었을까?
그 후에도 나는 학교부근에서 그를 자주 마주쳤다. 아니 마주쳤다기보다 오가는 그를 보았는데, 그는 겨울에 코트를 잘 입지 않고 책 두어 권을 든 채 학교 담장 아래 큰길 가로 걸어서 학교로 가고 있거나 학교 반대 방향으로 가고 있었다. 수업이 있는 시간에 하숙집에서 나오며 그를 보았고, 점심을 하숙집에 들어가서 먹고 오후 수업에 가는 길에, 수업이 끝나고 집으로 가는 그를 보기도 했다. 골목에서 나를 가로막지(?) 않았더라면 그를 기억하지 못했을지도 모르지만 어쨌든 그 후로 한 동안 우리는 학교 안팎에서 자주 마주쳤다. 그가 나를 알아보는지 알 수 없었지만 학교 전체를 통틀어도 여학생이 몇 명 되지 않았으니 나는 우리가 늘 서로를 알아본다고 생각했다. 어쩌다 마주칠 때 짓는 그의 약간 애매한 아니 모호한 그런 미숙하고 수줍은 미소는 우리가 아는 사이라는 내 생각을 거의 확실하게 했다.

결혼하고 처음 맞는 명절, 구정 당일에는 각 각 다른 시간에 오는 손님들에게 따로 상을 내고 치우느라 정신이 없었다. 다음날, 어른들이 점심을 드신 다음 저녁 시간까지의 식간에 기숙사에 있는 동생을 보러 성당 기숙사에 들렀다. 동생을 데리고 기숙사에서 5분 거리에 있는 광화문 부근 찻집에 앉았는데, 그 곳은 여학생들이 기숙사 문이 잠기는 열시 십분전까지 남자친구와 앉아 버티는 마지막 장소이기도 했다. 수녀원까지 5분이면 들어가지만 남자친구와 헤어지는 의식을 위한 시간이 5분 정도는 필요했으니까.

명절이라 그런지 찻집에 손님이 별로 없었다. 저녁 시간이 아직 여유가 있었지만 그래도 마음이 바쁜 내게로 한 테이블 건너 자리에 앉아 있던 손님 중 한 사람이 다가왔다. 쭈뼛쭈뼛하며 그는 우리 테이블에 합석해도 되냐고 물었다. 기숙사 이야기를 들었는지 두 사람이 친구인데 자기네들도 명절에 둘 다 집에 못 갔다고 하면서, 회사는 쉬고 하숙집에 있는 것도 눈치 보여서 나왔는데 마땅히 갈 데도 없고 할 것도 없다며 자기들과 같이 저녁이라도 먹으면 안 되냐고 했다. 다른 남자가 거들어야겠다 싶었는지 우리 테이블로 다가왔다. 바로 학교부근에서 한 일 년 동안 거의 매일 마주치던 그 남자다. 그가 나를 보며 말했다. 내가 아는 그 수줍고 어릿어릿한 미소를 지으며, "오늘 같이 놀래요?"

그 때서야 나는 그가 학교 가까운 곳에서 하숙을 하는 지방에서 온 학생이었다는 걸 알았다. 나는 그를 아는데 그는 나를 몰랐다. 순진해 보이는 정도가 아니라 너무 바보 같아 보이는 두 남자를 나는 자리에 앉으라고는 했다. 그는 정말 나를 몰랐다. 대학 시절의 도도한(?) 나는 몰라보고, 층층시하에 기가 다 빠진 임신부한테 이제 와서 "같이 놀래요?"

그 세월을 다 건너 이제 "바다에 다 와 가는 소리 죽은 가을江"이 되어있는 오늘 설날 아침, 느닷없이 떠오른 오래전 그들의 모습이 순수하고 아름답다. 그런데 언뜻, 그 인간이 바보인 척 나를 놀린 건 아니었나 싶은 건 또 무슨.

궁금하다. 졸업식 날 코트도 없이 양복 바람에 혼자 졸업장 말아 넣은 케이스 하나 들고 학교 밖 담장 따라 걸어가던 그는 지금

울음이 타는 가을강

박재삼

마음도 한자리 못 앉아 있는 마음일 때,
친구의 서러운 사랑 이야기를
가을 햇볕으로나 동무삼아 따라가면,
어느새 등성이에 이르러 눈물나고나.

제삿날 큰집에 모이는 불빛도 불빛이지만,
해질녘 울음이 타는 가을江을 보겄네.

저것 봐, 저것 봐,
네보담도 내보담도
그 기쁜 첫사랑 산골물 소리가 사라지고
그 다음 사랑 끝에 생긴 울음까지 녹아나고
이제는 미칠 일 하나로 바다에 다와가는
소리 죽은 가을江을 처음 보겄네.

— 2018년 2월

겨우살이

폭염 핑계로 엄두도 못 내던 냉장고 청소를 하느라 이것저것 다 꺼내서 식탁 위에 올려놓았다. 닦아서 다시 넣기 전에 필요 없는 것들을 제쳐두다가, 늘 다시 넣곤 하는 겨우살이 술병이 오늘 따라 눈에 띈다.

오래 전, 호스피스 실에서 누군가가 류마티스에 겨우살이 술이 특효가 있다는 이야기를 하고 있는데, 우리 팀의 광진씨가 집에 겨우살이로 담은 술이 있다고 했다. 상담할 때 아픈 손 때문에 마사지를 하지 않는 나를 위해 동료들이 광진씨에게 자의보다는 타의로 가져오게 한 그 겨우살이 술이다. 술을 안고 올 때는 손 관절이 좀 나아져서 발 마사지를 같이 할 수 있게 되면 좋겠다는 야심찬(?) 바람이 있었다. 그러나 술은 와인도 물을 타서 마시는 흉내만 내는 내게 겨우살이에 소주를 부어서 만든 술을 '매일 소주잔으로 한 잔 씩'은 애초에 불가능한 일이었다. 결국 겨우살이 술은 우리 집 냉장고 속에서 주인이 아픈 동안, 내내 손도 대지 않은 채 들어있는 저장식품들과 함께 냉장고를 지키고 있다.

23년 만에 간 케임브리지는 그대로였다. 그 동안 바뀐 게 아무것도 없었다. 런던에서 케임브리지로 들어가는 도로는 여전히 좁은 왕복 2차선이어서 버스가 달릴 때, 길가에 늘어선 오래 된 가로수 나뭇가지들이 마주 오는 큰 차를 피하려고 조금만 길 가로 비켜가도 차창을 거의 위협적으로 때렸고, 고속버스에서 내려 10분 정도 택시를 타고 들어간 캠 강변의 도로 옆 호텔도 현관, 복도, 계단이 다 그대로였다.

일 때문에 런던에 갈 때, 몇 번 케임브리지에 들러 같은 호텔에 머물렀다.[19] 창밖으로 캠 강과 강 너머 드넓은 론(lawn 잔디공원), 그 공원 한 쪽으로 멀리 이어지는, 키 큰 마로니에 나무가 양 쪽에 두 줄로 서있는 길이 보이는 이층의 같은 방을 예약하곤 했다. 그 방은 혼자 쓸 수도 둘이 쓸 수도, 가족이 쓸 수도 있게 되어있었다. 방끼리 통하게도, 잠그게도 되어있어서 내가 혼자 오거나 남편과 둘이 올 때, 서영과 같이 올 때도 쓸 수 있었다. 호텔은 23년

19. 영국은 오래 된 낡은 호텔이 싸지 않다. 호텔이 있는 도시의 서점에서 볼 수 있는 호텔 안내 책자에 어떤 호텔이 객실 중 한 곳에 귀신이 나온다는 이야기가 있으면 더 비싸다고 한다.

전 우리가 살던 집에서는 걸어서 다닐 수 있는 거리에 있었다. 다음 날은 아침식사를 하고나서 오래 전에 살던 우리 집에 가 보기로 했다. 그 동안 내가 혼자 몇 번 왔었지만 그 때는 살던 동네 쪽으로 가 볼 여유는 없어서 시내를 돌면서 남편과 매일 출근하던 책방(좀 크다) 몇 군데, 헌책방 두어 군데를 들르는 정도였다. 오랜만에 느긋하게 시간을 보내도 될 것 같아 한가한 거리를 슬슬 걸어서 밀턴 로드에 있는 우리가 살던 집으로 갔다. 차가 다니는 길이 아닌 좁은 골목길도 그대로여서 늘 마주치던 남자 어르신이 "날이 궂어 미안하다"며 모자에 손을 대고 인사하던, 마로니에 나무가 서 있는 길로 풀을 밟으며 안 쪽 넓은 마당으로 들어섰다. 그 곳은 마치 어제 다녀 간 것처럼 그렇게 23년 전 그대로였다.

열 집 정도가 기역자로 배치된 구조였는데 집 앞 빈 공간을 넣으면 전체는 사각형이 되는 주택단지였다. 마당에 서영이가 자전거를 넣어두던 브루인네 작은 차고도 그대로였는데 달라진 거라면 집 앞 공간에 자동차 세 대가 서 있는 거였다. 우리 집은 기역자의 모서리에 있는 이층집인데 북향인 현관 옆으로 난 길을 돌아서 집 앞쪽으로 가면 자갈돌이 깔린 마당이 나온다. 마당에는 사람 키 높이 정도로 둘러 세워져 있는 나무울타리가 있었다. 다람쥐인지 청설모인지 꼬리 긴 꼬마가 나무 울타리에 오곤 했는데 언제부터인가 서영이가 전날 학교 캔틴(매점)에서 사온 작은 사과를 아침에 나무울타리 위에 올려놓으면 매일 와서 먹고 갔다. 어느 날은 서영이가 늘 사던 작은 사과가 없어서 조금 덜 작은 걸 사와서 올려놓았는데, 그걸 다 먹은 다람쥐는 배가 너무 무거워서 나무 담장 아래로 툭 떨어질 뻔하는 귀여운 장면을 선물해 주었다.

집 앞 조금 떨어진 곳에 우리 아파트 은행나무 두세 배는 더 높아 보이는 나무로 가득한 숲이 있었다. 겨울 동안, 아래쪽은 서영이가 '호랑이발톱'이라 부르던 나무를 비롯해 여러 종류의 키 작은 상록수가 둘러서 있었지만 위로는 큰 나무들이 잎이 다 떨어져서 가지만 남아 쓸쓸했다. 그곳은 겨울에도 비가 하루에 두어 번씩 추적거려서 이파리 없는 가지만 가득한 풍경이 비안개까지 더해지면 더욱 음울해보이곤 했다.

3월이 되어 그 거대한 나무들이 잎을 쏟아내기 시작하자 세상에 봄이 왔다. 우리 집 이층 넓은 창으로 숲이 보여서 그 앞에 앉아 보내는 시간이 참 많았다. BBC 방송의 일기예보에 나오는 비의 종류[20]만큼이나 비오는 풍경도 다양했다. 숲의 높이가 상상할 수 없을 정도로 멀리까지 올라갈 수 있는 건 겨울에도 비교적 따뜻한 기온 때문이기도 하겠지만 종일 오락가락하는 비 때문인 것도 같았다. 서울 집에서 종일 발코니 쪽을 바라보고 앉아서 내가

20. drizzle, gale, misty 정도만 기억난다.

가꾸는 화초들을 보고 있는 것처럼 거기서도 그랬다. 케임브리지 대학의 유니버시티 센터에서 은퇴한 영문과 교수가 교환 교수(visiting scholar)들의 부인이나 남편을 대상으로 하는 친교모임이 없는 날은 한 시간, 두 시간, 심할 땐 종일, 아이나 남편이 들어올 때까지, 날씨에 따라 수시로 색깔이 변하는 숲을 바라보고 있는 날이 많았다. 우울증 지수로 최고점을 받고 남을 시간이다.

막내 동생이 제 아이들, 영은이와 애기 조은이 이야기를 동화처럼 써 보낸 봉함엽서들, 둘째네 딸 명주가 써 보낸 바람이 이야기와 저희 집 주차장에 서 있곤 하던 큰 이모 차 생각이 난다는 편지들을 보면 그 아이들이 그립기도 했지만 돌아오고 싶었던 적은 없었다. 어쩌면 그럴 수 있었을지도 모르는데 생각을 바꾼 건 나였다.

영어학으로 대학원을 하려고 조성식 선생님께 추천서를 받으러 갔을 때, 그렇게 늦은 것도 아니라고 말씀해 주셨지만 가자마자 색채 쪽으로 진로를 바꾼 건 나였다. 아버지께서 대학원 공부를 할 만큼 돈을 주셨는데 문학이면 몰라도 어학은 못할 것도 없다는 생각이었지만 마음대로 되지 않았다.

숲의 한 가운데 쯤 잎이 나오지 않는 나무를 발견한 건 그 나무가 키가 제일 커서였던 것 같다. 그동안은 숲의 꼭대기를 올려다 본 적이 없었는지 여름이 한 가운데쯤일 때 우연히 그 곳 숲의 높이보다 많이 높게, 거의 웬만한 나무 하나가 더 서있는 정도의 높이에 잎이 달리지 않은 그 나무가 눈에 띄었다.

그렇게 여름이 가고 가을이 깊어지면서 나무들이 이파리 색을 천천히 바꾸기 시작하던 그때 쯤 어느 날, 갑자기 죽은 나무의 꼭대기 좀 아래 가지에서 싱싱한 푸른색 이파리를 발견했다. 그러더니 주위의 나무들이 잎을 떨어뜨리기 시작할 때쯤은 죽은 나무의 줄기에서 대칭으로 나온 새 가지 두 개가 나무인양 초록 잎을 달고 거대한 나무 가지 위에 남아있었다. 그 아기나무 두 그루는 켐 강가의 수양버들을 작게 만들어 붙여놓은 것처럼 가지들을 아래로 드리우고 겨울이 되어도 마냥 푸른 채로 있어서 나는 아침 청소를 끝내면 이층의 큰 창 앞으로 가 인사를 하곤 했다.

내가 프레이저(Sir James George Frazer)의 『황금가지』(The Golden Bough)에 나오는 겨우살이에 대해 알게 된 건 그 후로도 몇 년이 더 지난 다음이었다. 프레이저는 베르길리우스의 『아이네이스』를 끌어와서 죽은 참나무[21]에 기생하는 '겨우살이'(mistletoe)를 '황금가지'로 추론하고 있었다. 내 시선을 사로잡던 케임브리지의 겨우살이가 설화에 나오는 것처럼 6월에 황금색으로 변하는지 알 수 없지만 그 곳 커비 클로스(Kirkby Close)의 겨우살이에도

21. 어떤 번역에는 '떡갈나무'로 되어있는데 oak의 번역은 참나무로 해야 맞는 거 같다. 떡갈나무는 참나무의 한 종류로 우리나라에만 있는 나무라고 한다.

정녕 누군가의 영혼이 깃들어 있었을까?

광진씨는 겨우살이의 치유력을 어떻게 알아서 겨우살이 줄기를 잘라 병에 넣고 소주를 들이부었을까? 겨우살이 가지가 땅에 한 번도 닿지 않게 잘 가지고 왔을까? 이야기에 나오는 대로 겨우살이에 모든 질병을 치료하는 놀라운 효험이 있어서, 무슨 일인지 벌써 근 20년 가까이 자신의 관절을 공격하고 있는 이 면역체계를 바로잡아 내 몸의 염증들을 달랠 수만 있다면 매일 밤 겨우살이 술을 두 잔 씩 마셔도 좋겠다는 생각이 들기도 한다. 술을 마시고도 죽지 않고 살아남을 수만 있으면 내 류마티스가 나을까?

— 2018년 10월

게임의 법칙

고 3 때까지 야구 시즌이 되면 아버지는 퇴근 후에 학교 정문에서 기다리시다 나를 야구장에 데려가시곤 했다.

일본 유학 시절에 야구를 했다는 아버지는 운동광이어서 축구시합이 있을 때면, 라디오로는 일본 야구를 듣고 TV로는 축구 경기를 보셨다. 부산서는 주파수를 잘 맞추면 일본 방송이 잡혀서 야구 중계를 들으시려고 라디오를 늘 새 모델로 바꾸셨다. 낮잠을 주무실 때 얼굴에 미소를 띠신다며, 일하는 언니는 꿈속에서 야구와 축구를 같이 하나보다고 했다. 스포츠는 만능이었던 아버지께서 생신에 동생부부와 부산 집에 가면, 80이 다 되셨을 때도 운동 좋아하는 제부와 탁구 시합을 하시면서 즐거워하시던 모습이 생각난다. 구경만 하고 있기 지루한 남편이 멀리서 음료수 캔을 휴지통에 골인 시키고, 박수치는 우리를 향해 자기가 "농구부장을 했기 때문에 그 정도는 보통"이라고 하면 연대 출신인 제부가 "누가 들으면 고대는 농구부장 교수가 공도 던지는 줄 알겠다"고 받기도 했다.

고등학교 때 잠시 방과 후에 테니스를 쳤다. 아버지께 테니스를 하겠다고 말씀드렸더니 그건 안 해보신 운동이라 재미있을 것 같으셨는지 다음 날 일제 라켓을 사다 주셨다. 몇 달 열심히 했었는데, 어차피 선수가 될 건 아니어서 고 3이 되자 오후 수업을 빠지고 하는 운동을 계속 할 수 없었다.

대학 2학년 때였는지 어느 날 저녁, 일 년 선배인 영자신문사 박익서 편집장이 테니스를 치시던 교수님들이 퇴근하시고 코트가 비었다며 같이 나가 치자고 했다. 그렇게 다시 테니스를 시작했다.

테니스 이야기를 하다보면 경기의 점수 계산이 복잡해서 잘 모르겠다는 사람들이 가끔 있다. '0'을 왜 love라 하는지, 그리고 한 포인트를 땄을 때 fifteen이라 하고, 두 포인트를 따면 thirty라고 하는데, 세 포인트를 따면 왜 forty five라 하지 않고 forty라 하는지 등.

0(영)을 love라고 하는 건 테니스를 처음 시작한 프랑스에서 달걀 모양인 0을 loeuf(달걀)라 부르던 것을 미국에서 발음이 비슷한 love로 부르게 되었고, fifteen(1점, 한 포인트), thirty(2점), 그 다음이 forty five(3점)가 아니고 forty인 건 forty five가 발음이 어려

워서 그냥 forty로 했다는 거다. 15점 단위의 계산은 점수를 시계에 적었기 때문이라고 한다.

알고 보면 테니스 경기의 점수 계산은 의외로 합리적인 면이 있다. 두 쪽이 다 끝까지 모든 것을 보여줄 수밖에 없는 게임인데다 듀스에 어드밴티지 같은 장치가 있다. 테니스 경기에서 점수는 네 포인트를 먼저 딴 사람이 한 게임을 가져간다. 둘이 같이 세 포인트 씩 이기면 듀스가 되고, 먼저 두 포인트를 올리는 사람이 게임을 이긴다. 여섯 게임을 이기면 한 세트를 가져가는데, 똑 같이 다섯 게임을 이겼을 때(듀스)는 한 사람이 두 게임을 더 따야 이긴다. 여자는 세 세트 중 두 세트를, 남자는 다섯 세트 중 세 세트를 이기면 이긴다. 게임에서도 세트에서도 듀스일 때 한 점을 먼저 따는 사람이 어드밴티지를 받고 한 포인트를 더 따서 두 점을 이기면 이긴다. 듀스와 어드밴티지를 계속하다 보면 경기 시간이 많이 늘어나서 오래 걸릴 수도 있는데, 마지막 세트에서 점수가 6 : 6이 되어도 듀스를 적용하지 않고, 점수를 1, 2, 3, 4, 5, 6으로 올리다가 먼저 7 점을 올리면 타이 브레이크를 끝내고 매치를 가져가기도 한다. 그러나 마지막 세트에 타이브레이크를 하지 않고, 한 사람이 두 게임을 이길 때까지 세 시간 네 시간, 심지어 이틀 사흘 동안 경기가 계속되기도 한다. 테니스 역사상 최장 게임은 2010년 윔블던 대회의 존 이스너와 니콜라 마위의 경기였는데 무려 11시간 5분이 걸렸다. 사흘에 걸친 이 경기의 승자는 이스너였다. 그는 2018 윔블던 준결승에서도 남아공의 케빈 앤더슨과 6시간 36분이 걸린 경기를 했다. 승자는 앤더슨이었다. 진정한 승자는 반드시 최선을 다해 후회 없는 경기를 한 후에 가려질 수 있다는 것일까?

공식적인 시합이 아닌 게임에서는 그냥 공을 치는 게 재미있어서, 같이 치는 사람과 서로 네트를 넘기면 되는, 룰이랄지 합의 같은 게 있다. 예를 들면, 아웃이지만 상대방이 '아웃'이라 말하지 않으면 아웃이 아닌 그런 룰 아닌 룰이다. 게임을 계속하고 싶을 때 둘 사이에 적용되는 룰인 셈이다.

살다보면 인간관계에서도 분명 아웃이라도 '아웃'이라고 말하지 않을 때가 있다. 부부 사이에, 부모자식 간에, 친구 사이에도 일일이 '아웃'을 외치다보면 서로 불편해질 수 있기 때문일 것이다. 성숙한 관계는 상대방이 아웃이어도, 때로는 '아웃'이라 말로 하지 않을 때 지속되는 건지도 모른다. 친 공이 아웃이면 보통은 공을 친 사람이 먼저 안다, 그의 공이 아웃인 건 나도 알고, 대부분은 상대방도 내가 아웃임을 아는 것도 알 것이다. 이제 살날이 살아온 날의 십분의 일이 남았을까, 이십분의 일이 남았을까? 새벽에 깨어 윔블던을 보며, 살면서 얼마나 많은 말하지 않았으면 좋았을 '아웃'을 '말'로 해왔는지 헤아려 보고 있다. 어디 돌이킬 수 없는 게 그 뿐일까만.

— 2018년 7월

또 하나의 큰 강물

산으로 둘러싸인 이곳은 해가 늦게 뜨는지 일곱 시가 지나서야 집 앞으로 보이는 먼 산 청회색 산등성이 위로 해가 올라왔다. 아무 일도 하지 않고 쉬겠다고 이 산 속에 왔지만 처음 이틀은 오동나무 침상이 불편해 새벽에 잠이 깨어 몇 시간씩이나 창밖을 보며 아침을 기다렸다.

새벽에 두 번씩 시계를 맞춰두고 일어나던 그런 아침 같은 건 다 잊자며 휴대폰 알람을 다 해제하고 잠자리에 들어서 열두시까지라도 자겠다고 별렀는데, 새벽에 잠이 깨고 만 것이 무슨 손해나 본 것 같은 생각이 들었다.

나처럼 이 산속 집에 잠시 기거하는, 대학에서 물리학을 전공했다는 이가 앞산이 가려서 해가 늦게 올라온다며 말을 걸었다. 집 앞 수풀 너머로 겹겹이 보이는 높고 낮은 산과 집 뒤에 흐르는 계곡을 두고 내가 임산배수 아니냐고 하자 그는 집 앞 쪽 벼랑 아래 계곡물과, 집 뒤 계곡과 집 사이에 들어선 붉은 소나무 숲을 두고 배산임수가 맞다고 했다.

이슬이 내려 축축한 슬리퍼를 끌고 산 속 가을아침의 한기 속으로 넓은 마당 끝 벼랑 위에 서니 새소리가 계곡 물 소리에 얹혀 간간이 올라왔다. 집의 앞과 뒤에서 각각 흐르던 두 계곡물이 아래쪽에서 만나 마치 집이 앉은 언덕을 두 팔로 껴안고 가 듯 하나가 되어 흐르는데, 이곳의 주인인 가타리나 선생님은 두 계곡이 안고 있는 언덕 위의 이 집이 통도사 뒷산에서도 명당이라고 했다.

생전 처음 아무도 아침 식사를 채근하지 않고 누구를 위해 아침 준비를 하지 않아도 되는 이 상황이 낯설어 마음이 편하지 않다. 마당 한 쪽 끝, 긴 식탁 두 개가 놓인 팔각정에서 마당의 다른 끝, 계곡이 내려다보이는 벼랑 끝까지 서른 번도 더 돌면서 불편한 한 나절을 보낸 뒤 집 밖으로 나가 보았다.

아래쪽으로 밤송이와 도토리가 지천인 비탈길을 내려가 계곡 위로 다리를 건너 차가 들어왔던 길을 되짚어 내려가니, 차 한 대가 겨우 다닐 수 있는 길이 산 아래로 이어져있었다. 친구와 택시로 들어올 때는 길이 이렇게 좁은 줄 몰랐다.

이곳까지 태워다 주기로 한 친구 남편이 오늘 신장 투석 날인 걸 잊어버렸다고 해서 부산서 이곳까지 택시로 왔다. 여자 운전사의 운전 솜씨를 믿었다기보다 친구가 아무 생각 말고 쉬라며 주는 보름간의 미션을 숙지하느라 산길을 살필 새가 없었다.

계곡을 따라 내려가노라니 완만한 계곡의 물길이 청량하다. 물은 잘 생긴 바위들이 둘러싸면 작은 못이 되기도 했다. 바위가 물에 젖어 붉은 색이 된 그 바위 못 속에도 계곡 위로 뻗은 참나무 가지에서 떨어진 도토리가 가득 들어 있었다.

아침에 마당의 평상 위에 도토리들을 바구니에 건져다 놓고, 집주인이 넓은 마당을 서성이는 남자 투숙객에게 바구니의 도토리를 다 까면 집에 갈 때 도토리 묵 가루를 한 되 주겠다고 하던 생각이 났다. 산에서 내려오는 물을 받는 커다란 물통에 도토리가 가득 들어 있었는데 밤새 담갔다 건져서 까는 모양이었다. 바위로 둘러싸인 바위 못에 도토리가 물에 불어 커보였지만 나는 그 도토리들을 건져다 평상에 갖다 놓을 생각은 없었다. 일이라고 생각되는 어떤 것도 하면 안 된다는, 친구한테 받은 미션 때문이라기보다 그냥 모든 걸 있는 그대로 두고 싶어서였다.

문득 위를 보니 내가 거처하는 집이 있는 곳쯤의 오래 된 성벽 같은 숲 둔덕에 나무들 사이로 감나무 한 그루가 감을 가득 매달고 서 있었다. 밤나무와 참나무 사이에 주황색의 감나무가 내 시선을 붙들었는데, 감이 너무 많이 달려 무거워진 가지가 포물선을 그리며 모두 아래로 휘어져 내린 모습이 예뻤다. 키 큰 참나무들 사이에서 감나무 가지들이 아래로 가지런히 감을 달고 드리운 곡선이 마치 플리에[22]를 하는 발레리나를 연상하게 했다.

내가 묵고 있는 집의 마당 끝 벼랑 위에서 저만치 띄엄띄엄 숲 사이로 내려다보이던 계곡 물은 아래쪽으로 내려가 두 계곡이 만나는 곳에서 올려다보니 엄청 빠르게 가파른 계곡을 달려 내려오고 있었다. 저 속도로 쏟아져 오면 만나지 않을 수가 없지 않겠는가. 집 뒤에서 내려오는 물과 집 앞으로 흐르는 물이 합치면서 소용돌이치는 모습이 마치 만날 사람은 만나게 되어 있다고 내게 알려 주는 것 같았다.

다리 아래 두 물길이 만나 넓어진 계곡을 내려다보면서 어린 서영이가 진주시절 마당의 물 펌프 앞에 놓인 커다란 물통에서 조그만 소꿉놀이 플라스틱 주전자로 물을 옮겨 부으며 호작질 하던 모습이 떠올랐다. 양 쪽 어깨에 발가락 모양 단추가 달린 노란 원피스를 다 적시면서 고개를 까닥거려 박자를 맞추며 소곤소곤 부르던 노래가 생각났다. "도랑물 모여서 개울물, 개울물 모여서 시냇물, 시냇물 모여서 큰 강물, 큰 강물 모여서 바닷물" 그 다음도 가사가 더 있었던 것 같은데 생각이 안 난다. 딸은 그 시절을 기억하고 있을까?

서울로 돌아오기 이틀 전, 내가 짐을 들고 기차를 탈 일이 걱정

22. 발레에서 꼿꼿이 선 채 무릎을 굽히는 동작.

되었던지, 느닷없이 딸이 산속으로 찾아와 나를 놀라게 했다. 그날 저녁에는 딸도 오랜만에 휴대폰 알람을 해제하고 잠자리에 들었다. 다음 날 아침 우리 모녀는 눈이 떠질 때까지 늘어지게 잠을 자고, 10시나 되어 잠에서 깨고도 한 시간을 더 누워 수학여행 온 여학생들처럼 수다를 떨었다. 내가 아픈 동안 서영이가 환하게 웃는 모습을 보는 게 얼마만인지 몰랐다. 방에 딸린 욕실에서 머리를 감고 밖으로 나가니 딸이 쪼그리고 앉아 산에서 내려오는 찬 물로 세수를 하고 있었다. 그 옆으로 물을 받는 통 앞에서 언뜻, 옷이 젖는 줄도 모르고 물놀이에 열중해 있는 어린 서영이가 하나 더 보이는 듯 했다.

물놀이 하던 제 모습을 보고 있던 나보다 열 살은 더 많은 딸이 이제 그렇게 피할 수 없이 달려오는 계곡물 같은 '또 하나의 큰 강물'을 만나 '바다'가 되기를 소망한다.

— 2015년 11월

두 점 사이의 최단거리
언덕에서, 또는

어제 동창회에서 떼창으로 불렀던 노래들을 생각하며 오래 전에 듣곤 했던 오현명의 〈그 집 앞〉을 유튜브로 찾아서 들었다. 그냥 넘어가게 두었더니 내가 좋아하던 노래가 나왔다. '아, 물망초' 하며 듣다가 전 곡이 끝난 다음 한 번 더 들으려고 제목을 찾는데 '물망초'가 없다. 그러다 제목들 중에 〈언덕에서〉를 찾았다. 오래 전 동네오빠가 들려준 노래이다. 제목은 〈언덕에서〉인데 가사 중에 '물망초'가 나온다. '언덕에서'는 제목 같지 않고 '물망초'는 제목 같아서 잘 못 기억했을까?

그 오빠를 알게 된 건 내가 어릴 때 초등학교도 들어가기 전부터이다. 오빠네 집 대문 옆 긴 담장 끝에 작은 쪽문을 열고 그 집에

세든 이가 구멍가게를 했는데 내가 저녁 전에 하루 한 번은 철길을 넘어 알사탕을 사러갔기 때문이다. 사각 설탕알갱이가 겉에 다닥다닥 붙어 있는 알사탕이 너무 커서 입에 넣을 때 늘 귀밑 언저리가 아팠다.

한참 걸려 사탕 색깔을 정할 때 쯤, 어떤 날은 '초등학생'인 오빠가 대문으로 나와서 내가 철길을 넘어올 때 동무해주곤 했다. 건널목이 있었지만 차단기 같은 게 설치되어 있지는 않아서 철길을 건널 때는 철길이 사라지는 양쪽 산모롱이를 확인하고 빠른 걸음으로 건넜다. 아버지가 철길을 안아 건넸던 건 초등학교 저학년일 때 기억만 있는데 사탕 물고 철길 건넌 기억 속에는 그 오빠가 있다.

사람들이 100층을 붙여 102층이라 부를 만큼 우리 집은 철둑을 넘어서도 높은 곳에 있었다. 좀 떨어진 외갓집 가는 길에 신작로에서 철길 아래로 자동차도 다니는 터널이 있었는데 아무도 그쪽으로 돌아가는 사람은 없었다. 집에 가려면 철길을 넘어 철둑 아래로 난 길을 따라 내려가다가 강덕네 집 못 가서 꺾어져 다시 올라가야 했다. 그러고도 영자네 들어가는 길에서 오른 쪽으로 더 올라갔다. 영자네 집 담을 끼고부터는 아버지가 우리 보폭에 맞추어 낮게 만든 계단이 대문까지 나있었다. 철길과는 직선거리로 백 미터쯤 떨어져 있었는데 대문 앞 계단에 앉아 있으면 지나가는 기차가 내려다 보였다. 거기 앉아서 종일 지나가는 기차를 구경하기도 했다.

그 때는 집집마다 평상이 있어서 겨울 말고는 평상에서 시간을 보내는 일이 많았다. 우리 집 평상에서 일어서면 밖에서는 높고 집 안에서는 낮은 담 너머로, 내 키로도 철길 너머 오빠네 감나무 아래 놓인 평상이 보였다. 평상에서 놀다 우리 집 동이감이 익지 않은 채로 떨어지기 시작하면 흘깃 철길 너머 보이는 그 집 감나무를 돌아보곤 했는데 오빠네 감은 그때마다 노랗게 빨갛게 한가득 물들어 가고 있었다.

고등학교 2학년 때 할머니인 줄 알았던 오빠 어머니가 우리 집에 오셨다. 그 할머니는 어머니가 안 계실 때 왔는데, 일하는 언니가 내가 아파서 집에 있다고 했더니 나라도 보고 가신다며 방으로 들어 왔다. 땀범벅이 된 채 일어나 앉은 내 머리카락을 뒤로 넘겨주시고 땀도 닦아 주시며 어머니를 만나러 왔는데 내가 집에 있어서 보고 갈 수 있어 다행이라고 했다.

놀란 막내 동생이 큰 눈을 깜박이면서 내 옆에 바싹 붙어 앉아 있었다. 할머니는 그 집 할아버지 즉 오빠네 아버지가 연세가 많아서 대학을 다니다 입대한 아들이 제대하면 바로 결혼을 시킬 거라고 했다. 외아들이어서 예비군 훈련을 안 나가도 되고 취직을 안 해도 평생 먹고 살 수 있게 다 해 두었다고 했던 것 같다.

열이 나서 비몽사몽인 내게 많은 말씀을 하셨던 그 분은 내 귀도 만져보고 손도 만져보고 뺨도 쓰다듬으셨다. 막내 동생이 "공화언니, 할머니가 '향토예비군'을 '상토예비군'이라 그랬어."라고 속삭였다. 얼마 후에 어머니가 그 댁에 가서 딸이 아직 어리고 서울에 있는 대학에 보낼 건데 유학도 갈 거라서 얼마나 더 있어야 결혼을 할 수 있을지 모른다고 정중하게 거절을 하신 걸로 안다.

고 3이 되면서, 수학을 싫어해서 입시에서 여학생에게 수학 대신 가정 과목을 선택하게 해준 대학으로 진로를 정했다. 기하시간은 재미있었던 적이 잠깐 있었는데 그 때쯤 아직 군복을 입은 오빠를 만났다. 그 전에 오빠네 집 앞으로 다니다 마주치면 나를 웬 어린아이 취급을 해서 가끔은 자존심이 상할 때도 있었는데, 할머니 일 때문이었는지 오랜만에 다시 만난 오빠가 그리 편하지 않았다.

그날 학교 앞에서 오빠를 만나, 집으로 오는 버스가 있던 서면까지 걸었는데 오빠도 나도 결혼이야기가 나왔던 일에 대해 말하지 않았다. 서면 로터리 부근에서 오빠와 처음 밥을 먹었다. 오빠가 저녁을 먹으면서 젓가락으로 물을 찍어서 그릇들 사이를 돌아 내 자리 쪽으로 물길을 만들더니, 마주 앉은 우리 사이에 젓가락 두개를 그릇들을 밀고 직선으로 놓았다. 기하가 재미있다는 내 말에 대한 대답이었는지 "두 점 사이의 최단 거리는 직선"이라고 말했다. 어릴 때 우리 집 평상에서 오빠네 집 평상까지 철길 너머로 구름다리가 있으면 좋겠다는 말을 한 적이 있었던 것 같기는 했다. 내려갔다 올라갔다 철길을 넘어 가는 일이 너무 힘들어서 그랬을까?

그날, 군복 때문이었는지 오빠가 멋있어 보였다. 어두워진 철길을 건너 처음으로 집 앞까지 데려다 준 이후에 오빠를 만난 기억도 그 집 평상에 대한 기억도 없다. 내 고향 집 기억은 그 후로도 얼마 간 더 남아있지만, 오늘은 '언덕'에 핀 연푸른색 '물망초'가 눈에 어른거린다. '두 점 사이의 최단 거리인 직선'을 따라 나온 오빠 기억이 사탕 물고 철길 건너던 어린 시절로 나를 부른다. 동창회 탓인가? 갑자기 한 문장이 떠오른다. '두 지점 사이의 가장 먼 거리는 시간이다.'[23]

— 2018년 10월

23. 테네시 윌리엄스(Thomas Lanier Williams 1911~1983), 『유리 동물원』(The Glass Menagerie)의 마지막 톰의 대사 "I didn't go to the moon, I went much further - for time is the longest distance between two places ..."

말하지 않은 기도

작년 성탄절 전에 남편이 세례를 받았다. 가톨릭이 아니고 정동 성공회대성당에서 교리를 끝내고 세례를 받은 건데, 교리시작을 나한테 말하지 않고 자발적(?)으로 했다. 본인이 성당 사무실에 교리 시간도 장소도 다 알아보고 나서 나한테 나간다고 통보를 한 거다. 좀 뜻밖이긴 했지만 나도 그날부터 다시 성공회 정동대성당에서 미사를 드렸다. 몇 해 전 제부 신부님이 돌아가셨을 때 장례미사에 간 후, 일주기 별세미사 때 가고는 미사를 보러 간 건 오랜만이었다. 남편이 교리공부를 하는 동안 동생이 제일 좋아하는 것 같았다. 동생은 C. S. 루이스의 『순전한 기독교』(Mere Christianity)라는 책을 선물하면서, 책에 '형부 잘 오셨어요.'라고 써서 주기도 했다. 나한테는

“나니아 연대기, 그 C. S. 루이스야” 하면서.

내가 대학 때 세례 받은 성공회 교인이지만, 막내 동생이 가고 나서 그 아이가 결혼식을 올린 명동성당에서 연미사를 드려주고 싶었다. 가톨릭에서 다시 세례를 받았다. 한동안 매일 새벽미사에 나갈 때 남편이 사정을 알고 있어 별 말 없었고 명절미사나 별세미사 때 명동성당에 같이 가주기도 해서 ‘언제 성당에 나오려나~’ 하긴 했다.

대학 1학년 때 영문과 김진만 교수님이 아침 8시에 강의하시는 바이블 클래스에 나가다 성공회에서 세례를 받았다. 대학 근처 하숙집들은 남학생들만 많고 여학생이 혼자 방을 쓸 하숙집이 드물었다. 한 일 년 홍대 앞에서 미술대학 친구들과 같이 지내다가 학교까지 멀기도 해서 다시 학교 가까이로 옮겼지만 불편했다. 어느 때는 열 명이 넘는 남학생들이 하숙하는 곳에서 부엌 안에 출입문이 있는 방에서 혼자 지냈던 적도 있다.

3학년 때 성당 기숙사로 들어가서 친구들도 사귀고 매일 새벽 수녀님들을 따라 지하성당 다섯 시 미사에도 들어갔다. 하루의 시작을 바치는 그 새벽미사를 좋아했다. 결혼 전까지는 교수님 댁 부근 하우스 처치에서 시작한 동대문성당에 나갔고 성가대도 했다. 결혼하면서 성결교회에 나가시는 할머님, 어머님 눈치 보느라 오래 못 나갔다.

그러다 이십 년도 더 지나서 아이가 공부하러 간 동안 걱정되는 마음에 공부를 끝내고 올 때까지 매일 아침 새벽미사에 나갔다. 몇 번 다녀오는 것 말고 아예 아이 옆에 가 있고 싶었지만 힘들게 공부하는데 방해나 될 거 같기도 했고 여긴 여기대로 어른들이 계셔서 그럴 수 없었다.

막내 동생이 세상 떠나면서 명동성당에 나갔던 건데 최근에는 친정도 시댁도 어른들이 다 가시고 해서 명절이나 생신, 기일에 성당에 연미사를 넣고 식구가 같이 성당에 나가곤 했다.

나는 성공회성당이 편하고 좋다. 이천환 주교님, 김성수 주교님이 주교관에 사실 때 수녀원 기숙사에서 대학을 다녔다. 그리고 내가 수녀원 기숙사에 살던 대학시절, 고등학생이던 김근상 주교님을 거의 매일 만났다. 그 분들이 내 성공회 기숙사 시절의 기억 속에 늘 함께 있다. 제부 신부님이 강화에서 시무하다가 서울에서의 성직을 처음 받은 곳이 정동 대성당이었다. 아이 둘이 한참 자랄 때까지 대성당 영빈관에서 이재정 신부님 댁과 같이 살았다. 두 아이는 대성당이 저희 집인 줄 알고 자랐지 싶다. 얼마 전에 대성당에서 만난 이재정 신부님이 남편이 세례 받았다는 말을 듣고 "김진만 선생님 좋아하시겠네" 하셨다.

남편이 세례를 받던 날 문득 시 한 줄이 입 속을 맴돌았다. 오래전, 호스피스 상담사들, 병원 사목을 하는 성직자들을 교육하는 성 빈센트 병원의 임상사목교육센터에서 교육을 받고 있을 때였다. 첫날, 교재를 열었더니 시 한편이 적혀있었다. 제목은 생각나지 않지만 끝부분에 "내가 말하지 않은 기도를 들어주셨다"(My unspoken prayers were answered)라는 구절이 있었다. 50년 전 성당 기숙사에 살던 나를 만나려고 12월 24일 자정미사에 왔던 남편은 그 오랜 세월이 지난 후 같은 곳에서 세례를 받고 다음날 자정미사에 참석했다.

— 2019년 3월

고디바 초콜릿

여행 중에 초콜릿 가게를 보면 들어가서 늘 찾는 초콜릿이 있다. 어릴 때 아버지께서 사다주시던 옅은 레몬 색 박스 뚜껑 전체에 십자수문양이 퍼져있는 초콜릿이다. 딸아이를 임신했을 때 입덧을 별로 하지 않았는데, 가끔 그 십자수 문양의 노란 박스 안에 가득 담겨있던 초콜릿의 맛이 입안에 감돌곤 했다.

그 때 쯤 어느 날 아버지께서 내가 필요하다고 한 몇 가지 물품과 함께 십자수 초콜릿을 보내셨다. 초콜릿 박스 포장 속에 얼마간의 돈도 보내시면서 오이피클과 스팸 그리고 커피와 립톤 티도 보내주셨던 것 같다. 커피는 인스턴트커피가 아닌 내려먹는 커피여서 어떻게 해도 맛이 없어 어학실험실의 누굴 줬고, 티는 뜨거운 물을 부어서 우유를 타서 마셨던 생각이 난다. 밀크 티는 어머니가 좋아하시던 기억도 난다. 나를 데리고 아버지를 만나러 간 항만 사령부 부근의 찻집에서 레지언니는 어머니께 밀커피를 드실지 밀크티를 드실지 물어보았었다.

그 후에는 그리운 나의 십자수 초콜릿을 다시 볼 수 없었다. 케임브리지에서 일 년 동안 살 때 그 그리움을 곱씹으며 사곤 하던 애프터 에잇(After Eight)이라는 민트 초콜릿은 유럽 대부분의 공항에서 살 수 있다. 프랑크푸르트 공항 면세점에서 샴페인인지 술이 들어있는 초콜릿과 고갱 풍의 멋진 그림이 그려진, 케이스가 좀 큰 필통처럼 생긴 초콜릿을 샀었는데 큰 필통처럼 생긴 납작한 케이스 속에는 진짜 여러 색상의 심이 함께 들어있는 굵은 색연필 한 개가 작은 사각형의 초콜릿과 함께 담겨있었다. 막내동생네 작은 아이 조은이가 성악레슨을 받고 돌아올 때, 고갱 풍 그림이 있는 초콜릿 심부름을 하느라 프랑크푸르트 공항에서 비행기를 놓칠 뻔 한 적도 있다. 초콜릿은 나눠주지만 케이스는 몇 개 씩 내가 가지고 있다. 케이스 뚜껑의 그림이 같은 명화느낌의 다른 그림으로 바뀌는 것도 내가 그 초콜릿 박스에 집착하는 이유다. 아버지의 십자수 케이스 초콜릿에 대한 그리움 때문일까? 아버지 때문일까?

얼마 전에 바로 아래 동생의 딸 명주가 옥색 끈이 달린 예쁜 쇼핑백에 담긴 고디바 초콜릿을 선물했다. 미사 후에 시청 부근에서 점심을 먹고 나오다가 남편이 초콜릿이 쌓여있는 상가를 지나면서 초콜릿 이야기를 했던 걸 기억하고 사온 거였는데 이모부 세례 축하 선물이기도 한 거 같았다. 초콜릿은 죄가 없지만, 그래도 이제 모든 걸 조심해야하는 우리는 마주앉아서 단 걸 통째 열어놓고 먹던 옛날처럼 그렇게 먹을 순 없어서 명주 초콜릿을 아끼고 있다. 언젠가 긴 머리의 아름다운 여인이 알몸으로 말을 타고 있는 몽환적인 그림이 그려져 있는 직사각형의 박스를 본 생각이 났다. 벨기에의 초콜릿 회사가 잉글랜드의 레이디 고다이바를 기리며 그녀가 알몸으로 말을 타고 있는 그림을 로고로 차용했다.

11세기 잉글랜드의 코번트리 영주 레오프릭(Leofric)의 아내 레이디 고다이바(Lady Godiva)가 남편에게, 농민들에게 부과되는 과도한 세금을 줄여달라고 탄원하자 영주는 아내의 청을 거절하려고 불가능한 조건을 내건다. 즉, 아내가 알몸으로 말을 타고 도심을 한 바퀴 돌면 세금을 줄여달라는 그녀의 청을 들어주겠다는 것이었다. 그러나 아내가 절대 할 수 없을 거라는 영주의 생각과 달리 레이디 고다이바는 알몸으로 말을 타고 도심을 돌았다. 농민들은 그녀가 자신들을 위해 누구나 불가능하다고 생각했던 일을 하는 동안 집안의 커튼을 다 내리기로 했다. 결국 영주 레오프릭은 농민들을 생각하는 아내의 진심어린 청을 들어주고, 후에 코번트리에 수도원을 짓기도 했다. 그러나 모든 사람이 그녀의 호의를 존중하여 커튼을 내렸던 것은 아니었다. 그 중 단 한 사람, 재단사 톰은 호기심을 참지 못하고 기어이 옷 벗은 그녀를 보고 말았다. 호기심 때문에 레이디 고다이바의 숭고한 결단을 존중하지 않은 벌로 신은 그를 장님으로 만들었다고도 한다.

여기서 유래한 말이 바로 피핑톰(Peeping Tom 엿보기 좋아하는 사람, 관음증)이다. 고디바 초콜릿을 생각할 때면 자주 나도 모르게 실눈을 하고 집중하여 초콜릿에 그려진 여인을 들여다보게 된다. 혹시 거기서 아버지의 십자수 문양 초콜릿 케이스가 나타나지나 않을까 해서.

— 2019년 3월

이토록 아름다운 수학이라면

오래전, 색채 책을 내고 방송에 가끔 나갈 때, 방송을 본 초등학교 동창들이 연락을 하고 나를 만나러 왔다. 혜화동 집에서 가까운 대학로의 한 카페에서 밤중에 몇 십 년 전의 친구들을 만났다. 한 친구가 어릴 때 내가 그린 그림을 가지고 있다고 했다. 설명을 들으니 기억이 났다. 자고 있는 아이 그림이었는데 크레용으로 그리지 않고 아버지가 가져다주시던 색연필로 그린 그림이었다. 내가 아파서 누워있는 그림이었던 것 같다.

그 때 언제 쯤 책상 모서리에 넘어지면서 다친 갈비뼈 부근 상처가 늑막염이 되었고 많이 아파서 학교를 한동안 빠졌었는데 나는 그 때 산수 시간에 톱니바퀴를 놓치면서 내 인생여정에 영원히 수학이라는 공부를 올려놓지 못했다.

중학교 3학년 말에 신장염 때문에 장기결석을 하면서 재수를 하게 되었다. 재수하는 동안 '수학의 신'이라는 다른 중학교 선생님께 수학 과외를 받았는데 나는 선생님과 일본 고등학교 입시 문제집을 몇 달 간 풀고 나서 국어, 영어, 수학만 보는 고등학교 입학시험에 이등으로 합격했다.

고등학교에 가서는 문제와 답을 수없이 읽고 외는 식의 수학 공부가 먹히지 않았다. 대학에 가려면 수학을 공부해야해서 참고서를 외우다시피 하고 과락을 면했지만 그건 수학공부가 아닌 암기였다. 어떻게든 수학공부를 해보려고 부임한지 얼마 되지 않은 수학선생님과 수학 과외를 시작했다. 그 때는 학교 선생님들의 과외가 허용되었었는지 영어 선생님께 영어 과외를 받고 있었고 대학입시 과목에 들어있었지만 3학년 교과 과목에 개설되어 있지 않은 세계사를 선생님께 몇 명이 따로 과외를 받았다. 많은 아이들이 학원에 나가 영어 수학 과외를 받고 있었다.

수학 선생님은 스물네다섯 살 정도 되는, 대학 졸업 후 바로 우리 학교로 부임하신 어린 선생님이었는데, 이미 과외를 여러 팀 하고 있다고 하셨다. 늘 새벽에 일어나는 나는 아침 일찍도 올 수 있다고 말씀드렸다. 선생님은 이미 아침에 한 팀이 있어서 다섯 시에 나올 수 있으면 해보자고 했고 나는 새벽 다섯 시에 수학 과외를 시작했다.

첫 이틀은 기분 좋게 공부했다. 그런데 사흘 째 되던 날 선생님과 나는 과외공부를 시작은 했는데, 정신이 들었을 때 우리는 둘 다 침까지 흘리면서 앉은뱅이책상에 마주 엎드려 자고 있었다. 수학은 그렇게 영원히 내 인생에서 사라져갔다.

아버지가 원하는 이화대학에 가지 못했고 아버지가 원하는 학보사 기자가 되지 못했고 아버지가 원하는 동아일보 기자가 되지 못했다. 그 때만 해도 우리학교에서 이화대학에 해마다 백 명 씩 보낼 때였다. 그러나 운명이라는 게 있는지 내가 대학에 가던 그 해, 여학생이 잘 지원하지 않는 고려대에서 유진오 총장님이 여학생에게 수학대신 가정을 선택할 수 있게 해주신 덕분에 영문과 이등으로 고려대에 입학했다. 영어도 만점, 세계사도 만점인데 가정 시험의 염색을 망치는 바람에 이등이 된 거 같았다. 늘 이등이다. 고등학교 가정 선생님이 염색은 잘 모르신다며 입시에 잘 안 나온다고 하셨는데 수학 대신 선택한 가정에 염색문제가 두 문제인지 세 문제 나왔던 것 같다. 시험 문제 낸 사람이 염색 전공이거나 여학생이 많아지는 걸 싫어했는지 모를 일이었다. 염색 때문에 시험을 망쳐서 이등을 한 게 덜 불려 다녀서 일등보다 마음이 편해서 좋긴 한데 어쩌다 수학을 놓친 게 평생을 따라 다닐 거라는 불길한 생각이 들기는 했다. 그렇게 세월이 흐르고 나는 오늘 날, 해병대 전우회, 전남 향우회와 명성을 함께 하는 조직, 고려대 교우회에 이름을 올리게 되었다.

내가 문과여서 딸에게는 수학 때문에 고생하는 일이 없게 해주려고 어릴 때 수학책을 같이 공부하고 한 권을 다 읽으면 세 식구가 같이 나가 책거리를 하곤 했다. 내가 같이 해줄 수 있었던 건 딱 그 때까지였다. 초등학교 저학년부터 나오는 '집합' 같은 우리가 고등학교 때나 배우던 과정을 감당할 수가 없었기 때문이었다.

케임브리지에 가있는 동안 딸에게 수학 과외를 시켰었는데 아이를 가르치던 케임브리지 대학의 교수는 우리가 한국으로 나올 때, 이 아이에게는 앞으로 꼭 수학 관련 공부를 시키면 좋겠다고 했다. 그 때만 해도 우리는 아이가 수학을 잘하고 그래서 당연히 이과에 갈 줄 알았다. 대학에 들어가기까지는 이과였는데 대학에 들어가서 성적이 좋은 건 인문 쪽이었다. 결국 DNA 문제였을까? 남편은 수학을 좋아하는데, 수학을 암기과목처럼 공부하던 나를 닮았을까? 그건 내 탓이 아니고 톱니바퀴 탓인데, 아니 늑막염 때문인데~

21일 토요일, 신문에 책 광고가 나오는 날이다. 신문은 페이지 위쪽에 따로 상당히 큰 지면을 서울대 수학교육과의 최영기 교수가 쓴 『이토록 아름다운 수학이라면』이라는 '아름다운' 제목의 책을 소개하는데 할애했다. 조선일보 구본우 기자는 최교수의 책을 이렇게 소개한다. "저자는 "수학에는 '감동'이 있다"고 주장한다, '복잡한 방정식을 풀었을 때 느끼는 희열' 같은 학문적

감동이 아니다. 차를 타고 다리 위를 달리다가 문득 서쪽 하늘을 물들이는 저녁노을을 보면서 느끼는 누구나 공감하는 아름다움이 수학에도 있다는 얘기다."

"나 이 책 사달라니~", 현관문을 닫고 나가면서 딸이 말한다.

"아까 말씀하실 때 주문했어요~"

책에서, 1863년 1월 1일, 미국 대통령 링컨은 노예제도의 모순을 논리적으로 설명하는데 '노예를 소유할 권리가 피부색, 지성 또는 돈에 의해 정당화된다면, 같은 추론을 적용해 그 노예도 피부색이 다른 주인을 노예로 만들 수 있는 것 아니겠느냐'는 주장을 한다는 것이다. 즉, "A(노예)가 B(주인)보다 작거나 같으면서(A≦B) 동시에 A가 B보다 크거나 같으면(A≧B) 결국 A와 B는 같다(A=B)"라는 링컨 대통령의 수학적 사고를 내가 따라갈 수 있을까?

철학책인지 수학책인지 알 수 없는 이 책이 궁금해졌다. "차를 타고 다리 위를 달리다가 문득 서쪽 하늘을 물들이는 저녁노을을 보면서 느끼는, 누구나 공감하는", 내 생각에 지극히 인문학적인, "아름다움이 수학에 있다"고 하지 않나?

— 2019년 3월

라블레가 옳으면 어머니도 옳다

지금 생각하면 내 2, 30대의 그 힘든 시기에 어떻게 책을 읽을 수 있었는지 이해가 안 된다. 밤에 읽었건 낮에 읽었건 상당히 많은 책을 읽었다. 남편이 같은 책을 다섯 번씩 읽는데, 옆에 있는 내가 보기에 답답하기도 신기하기도 했다. 나는 같은 책을 다섯 번은 커녕 두 번 읽은 적도 없다. 고등학교 때 많은 친구들이 책 내용을 외울 때까지 몇 번이고 읽는다는 참고서도 한 번 이상 본 적이 없는데, 어떻게 같은 책을 다섯 번 씩 읽는지 나로서는 이해할 수 없는 일이었다. 남편이 다섯 번 씩 읽는 책들이 칸트나 헤겔 같은 어려운 철학책이나 평생 손에서 놓지 않는 경제학 책, 수학책만이 아니었다.

어느 날은 『채근담』과 『소학』이 책상에 놓여있었다. 『채근담』은 읽었지만 『소학』이 궁금해서, 어른들께 저녁 진지를 드리고 나서, 방에 들어가 남편이 들어오는 늦은 시간까지 서너 시간 동안 읽었던 적이 있다. 그날 밤, 늦게 들어온 남편에게 대문을 열어 주고, 안방에 들어가면서 "다녀왔습니다." 하는 인사 소리를 들으면서 내 방에 들어갔는데, 안방에서 '내가 저녁 먹고 들어가서 몇 시간 째 방에서 꼼짝 않고 있었다'고 들었는지 방에 들어오더니, '결혼 전에 『소학』 정도는 읽고 왔어야 했는데', 뭐 그런 말을 했던 것 같았다. 보통은 안방에서 할 일이 없어도 할머님, 어머님 말 상대도 해드리고 같이 TV도 보고, 괜한 야단도 맞고 그러는데, 그날 『소학』을 읽느라 처음 저녁식후에 방에 들어가 있었던 건데 그게 못마땅하셔서 밤중에 들어온 아들에게 말씀을 하신 모양이었다.

"내가 『소학』을 읽었으면 당신한테 안 왔거든" 하고 말해놓고 놀란 건 나였는데, 남편은 아마 자기가 보던 책을 내가 읽은 줄은 몰랐을 것이다. 『소학』에 '청춘과부'한테 딸자식을 보내지 말라는 말이 나오기 때문이다. 정확한 워딩이 기억나지 않지만 그런 뜻이었다. 어디 그 뿐인가 홀시할머니에 홀시어머니에, 공부하는 남편에, 우리 어머니가 '소학'인지 '대학'인지 읽으셨는지는 모르지만, 돌아가시기 전 머리를 절레절레 흔드시며 말리시던 결혼 아니었던가. 남편이 일러바치진 않았겠지만, 그래도 그렇게 말한 것이 죄송해서 그 후로는 그분들의 불행을 빗대어 모진 말을 하지 않았다.
결혼 후에도 학교 어학실험실에 계속 출근을 했는데, 퇴근하고 와서 저녁식사 후에 안방에서 남편이 들어오는 밤중까지 있어야 하는 일이 특히 어려웠다. 집안일을 끝내고 쉬고 싶은데 그럴 수가 없었다. 그래도 내가 책을 볼 수 있었던 건 그 사건(?) 이후였던 것 같다. 그 때 어머님은 사십대 후반이었다.
서재에서 책을 골라다 읽을 수 있었지만 남편이 책상에 갖다놓는 책들 중에 내가 읽고 싶은 책을 읽기도 했다. 같은 책을 다섯 번 씩 읽느라 본채의 서재에서 내 방 책상위에 가져다 놓는 책이 하루 이틀 계속 놓여 있기도 해서, 저녁에 안방에서 몇 시간을 보내지 않고 내 방에 일찍 들어갈 수 있는 날은 남편의 공부 방식과 달리, 나는 한 번만 읽으니, 대강 훑어볼 수 있었다. 학교에 나가는 낮 동안에는 책을 들고 나갔다가 남편이 들어오기 전에 책상에 올려놓으면 됐으니까.
그때 쯤 읽었던 책 중에 프랑수아 라블레의『가르강튀아』,『팡타그뤼엘』이라는 재미있는 책이 있었다. 거기 나오는 음식 이야기 속에 어머니가 한 번도 해주시지 않은 음식들에 관한 이야기들이 있었다. 신기하게도 라블레가 금지하는 목록 속에 어머니의 요리에서 빠졌던 식재료들 중 돼지고기, 닭고기가 들어 있었다. 어머니의 요리금지 식품에 들어있던 식재료들이 '몸속에 염증을 만든다'는 거였다.

우리 집에서는 왜 그랬는지 돼지고기를 먹지 않았다. 어머니는 요리를 잘하셨는데 돼지, 닭, 오리, 그 알들, 해산물은 고등어, 낙지, 오징어 게, 새우와 게장, 모든 젓갈, 그리고 호박, 가지 등을 한 번도 반찬으로 만드시지 않았다. 젓갈을 많이 쓰지 않는 어머니 김치는 특별했는데 김장 할 때는 소고기 삶은 물과 조기를 삶아서 흐물흐물해진 살과 국물을 젓갈처럼 쓰셨다. 아버지가 좋아하시던 대구 아가미를 넣고 빨갛게 버무려 담은 꼬마 깍두기는 익으면 정말 달았다.

오래 전, 제부가 성공회 영등포 성당에서 시무할 때였다. 우리 집은 그 때 내가 살림하면서 대학원을 다니기 좀 쉬우려고 제기동 한옥을 팔고 안암동으로 이사를 한 다음이었다. 남편 직장과 가깝다는 이유를 내세워 이사를 했는데 쉽지는 않았다. 그때 언제쯤, 동생이 울먹거리면서 "언니, 입은 옷에 택시 타고 바로 와" 하는 바람에 저녁 전에 다녀올 수 있을 것 같아 잠자코 나가 택시를 탔다. 정말 입은 옷에 서둘러 택시를 타고 갔더니, 동생은 어떤 분이 귀한 거라며 신부님 드리라고 가져왔다는 대구 아가미 한 통을 안고 앉아 있었다. 동생과 둘이 무를 작은 깍둑썰기로 썰어 대구 아가미와 고춧가루에 버무리면서 울음을 참느라 코를 훌쩍거렸다.

제부 신부님이 돼지갈비를 좋아해서 같이 태릉 갈비 촌에 가끔 갔다. 바쁜 남편 대신, 층층시하에 힘든 처형 위로하느라 신부님들 휴무인 월요일이면 동생과 우리 집에 와서 나를 태우고 서울 근교의 유명한 음식점들 순례를 시켜주곤 했다. 할머님, 어머님 두 분은, 공부만 하고 재미라곤 없는 아들과는 딴판인 신부님을 늘 "엽렵하시기도 하다"며 부러워하셨다.

나는 지금은 돼지고기를 먹게 되면 먹는데, 먹고 나면 괜히 잘못한 것 같아 속이 조금 불편하다. 오늘도 매주 목요일 수필팀 동료작가들과 같이 하는 점심식사에서 제육에 새우젓까지 먹었다. 돼지고기를 넣고 끓인 된장찌개도 먹었다. 어머니가 안 해주시던 반찬인데 어머니가 생각나서 퍼먹는다고? 눈물 나게 웃긴다. 정말. 그런데 낼 모레는 틀림없이 부어오를 내 류마티스 손가락 관절은 어쩌려고.

제대로 검증을 할까 해서, 내가 오래 전에 읽었던, 일본어에서 옮긴 중역이 아닌, 라블레 연구로 박사학위를 받은 분이 프랑스어에서 직접 번역한 『가르강튀아』, 『팡타그뤼엘』을 넘겨봤지만, 돼지고기가 염증에 나쁘다고 하는 부분을 찾지 못했다. 새삼 대강하는 건 안 된다는 걸 확인했다고 할까. 남편이 같은 책을 다섯 번 씩 읽는 이유를 알 것 같다. 같은 책을 다섯 번 씩 읽는다고, '공부 말고 다른 걸 할 걸 그랬다'며 대놓고 너무 많이 말하지 않았던 건 잘한 것 같다. 이미 너무 많이 말한 건 아닌지.

— 2019년 3월

사제관 앞 느티나무

사제관 앞마당의 느티나무에 새순이 돌돌 말린 채 나오고 있었다. 며칠 전에 막내 동생의 생일과 제사, 연미사 두 번을 넣고 왔다. 오늘 아침, 그 아이 생일 미사에 가려고 준비하는 내내 마음이 예민했다. 4월엔 늘 마음이 좀 다르다. 다음 주, 그 아이 '떠난 날' 연미사까지 같이 넣어두어서, 며칠 동안은 이곳 명동을 천천히 걸어 다니면서 그 아이와의 추억을 떠올릴 수 있을 것 같았다. 막내 동생 신영의 생일과 제사 사이에 엄마 제사가 있어 가끔 여덟 살 막내가 엄마를 안고 있는 것 같을 때도 있다.

미사가 끝나면, 동생과 도란도란 이야기라도 나누며 다니는 것처럼 그렇게, 대학 때 살던 '가톨릭 전진상관 기숙사'에도 가보고 싶었다. 늘 말을 재미있게 하던 동생이 어느 날은 기숙사에 오신 김수환 추기경님을 현관에서 마주쳐 인사를 드리고, 미사 시간에 늦어 지름길인 계성여고 안으로 해서 급히 성당에 갔는데, 성당에서 추기경님을 또 마주치는 바람에 또 "안녕하세요?" 했단다. 그러고 나서야 기숙사에서 불과 몇 분 전 "안녕하세요?" 했던 추기경님이 쌍둥이신가 보다고 했다는 얘기를 해주었다. 동생이 그 장면을 설명할 때는 참 많이 웃었는데 내가 말을 하려니 그냥 그렇다. 추기경님과 닮은 김동한 신부님은 쌍둥이가 아니고 형님이신 것 같다.

기숙사를 지나 우리가 잘 가던 함흥냉면집 앞으로도 가 볼 생각이었다. 또 그 때 처음 생긴 '영양센터' 전기구이도 좋아해서 내가 자주 데리고 가던 사보이호텔 앞, 통닭집이 있던 곳도 둘러보고 싶었다. 그리고 중앙우체국 앞으로 가서, 한국 사람이 파는 중국 월병 가게 '도향촌'에서 '부용과' 한 개를 살 생각이었다. 동생은 발이 너무 작아서 맞는 신발이 없었다. 그래서 어디서 한 치수 큰 신발을 사면, 바닥을 더 깔아 발에 맞추느라, 구두나 가방을 수선하는 '명동사'에 자주 들락거렸다. 오래 안 가 본 명동사에 들러 벨트 고리도 손 볼 겸 우리 자매들의 가방 수명을 두 배는 연장 해주시던 장인 아저씨에게 인사도 할 생각이었다.

그래서 같이 오겠다는 딸의 동행요청을 마음만 받겠다하고 거절했다. 바쁜 딸이 같이 오면 내 마음도 바빠져서이다. 혼자 집을 나서긴 했지만, 오전을 비울 수 있다고 했는데, 괜히 혼자 왔나싶기도 했다.

생미사를 넣은 여러 이름들을 부르신 다음 신부님이 연미사 지향자들 이름을 부르기 시작했다. 연미사를 넣고 미사를 볼 때, 이름이 나올 때까지 기다리는 동안 늘 긴장하는데, 오늘은 두 번째로 '박 프란체스카'를 부르셨다. 나는 순간적으로 옆 사람과의 거리를 조금 띄웠다. 그 아이가 와서 내 옆에 앉기라도 할 것처럼.

막내 동생은 우리와는 좀 다른 데가 있었다. 아픈 사람을 방문하고 오면 그 환자처럼 밤새 온몸이 아프고, 엄마 연미사를 넣으면 엄마가 성당으로 걸어 들어와서 늘 옆에 앉는다고 했다. 동생이 그렇게 어이없이 가고, 너무 보고 싶어서, 그런 은사까지는 바라지도 않지만 꿈에라도 한 번만 보게 해주실 수 없는지 울면서 기도한 적이 있다. 어느 해 봄, 그 아이가 자주 입던 진회색의 무릎을 덮는 길이의 스커트 위에 같은 색 탑과 붉은 벽돌 색과 진회색이 섞인 재킷의 낯익은 니트 정장 차림으로 꿈속으로 왔다.

입당성가가 마침 내게는 특별한 곡이었다. 오래 전, 벌써 십이 년 전 그날, 연령회에서 오신 분들이 밤새 잠시도 쉬지 않고 이어 불러주신 성가 가운데 몇 번이고 되풀이하던, 동생이 자기 장례식 때 불러달라고 했다는 그 성가였다. 잠깐 동안이지만 지하성당에서 미사를 드리는 모든 사람들이 다 내 동생 프란체스카를 위해 이 미사에 와준 것처럼 여겨져서 가슴이 따뜻해졌다. 그 동안 늘 울면서 부르던 그 성가를 웬일인지 울지 않고 끝까지 부를 수 있었다. 성가 몇 곡을 편한 마음으로 더 불렀고 처음으로 울지 않고 미사를 마쳤다.

성당마당으로 나오다 문득, 지난 해 가을이 한참 깊었던 언제, 지하성당으로 가는 길에 사제관 앞의 큰 나무 옆을 지나는 내게 '단풍잎 세례'를 주신 청소 아저씨 생각이 났다. 그 분은 내가 지나가는 길에 떨어져있는 낙엽을 쓸고 계셨고 나는 그분이 빗자루 질을 멈추시면 지나가려고 잠시 기다리고 있었다. 그런데 아저씨는 기다리는 나를 보시더니 비질을 멈추는 대신 갑자기 들고 있던 긴 빗자루로 나뭇가지를 툭툭 치면서 계속 이파리를 떨어뜨리는 것이었다. 사람이 지나가는데 비질을 멈추는 게 아니라 마치 지금 당장 단풍 든 나무이파리를 다 떨어뜨리고 말 것처럼 나무를 치기까지 하시는 건 좀 그래서 순간적으로 놀라기도 하고 당황하기도 했다.

뒷걸음질을 하는 내게 그 분은, "낙엽 떨어지는 사이로 지나가시라고 한 건데, 놀라셨나 봐요" 하며 웃었다. 전혀 예상 밖의 상황이라 나는 "아, 예~" 하고 황급히 나무 아래 땅에 떨어진 이파리들을 밟으며 지나갔다. 그 후로 한동안, 그 아저씨가 연출해준 '단풍잎 세례' 장면이 예쁘기도 하고, 고마운(?) 생각도 들어서였는지 사제관 앞 그 큰 나무 옆을 지나갈 때 가끔 생각이 나곤 했다.

나를 위해 단풍잎 비를 내려주신 청소 아저씨의 서비스에 대해 '아, 예~' 두 마디 대답이 좀 성의 없었던 것 같긴 했지만 나로선 뜻밖의 일이라 상황파악을 했을 때는 이미 감사인사를 드리기엔 시간이 지나버려서 어떻게 할 수 없었다. 그렇다고 그날 미사가 끝나고 나올 때, 아저씨를 찾아서 아까 감사했다고 말하는 건 좀 그렇다는 생각이 들었었다. 내 얼굴이 너무 슬퍼보여서 아저씨가 측은지심을 발휘하셨던 걸까?

그 때 일을 생각하고 나무를 지나 사무실로 올라가다가 사무실 복도에서 비질을 하며 나오시는 아저씨와 마주쳤다. 같은 아저씨인지 알아볼 수 없었지만 나는 그분에게 "앞에 있는 큰 나무가 무슨 나무에요?" 하고 물었다. 그 아저씨가 맞는다고 해도 작년 가을 '인공 단풍잎 비'에 대한 인사는 그 정도가 적당한 것 같았다.

한 떼의 여행객인지 성지순례를 하는 사람들인지를 안내하는 가이드가 나무를 보며 안내 책자를 읽어주고 있었다. 순교 성인에 관한 얘기를 하는 것 같았다. 느티나무는 그 곱던 단풍잎을 다 떨어뜨려 떠나보내고, 다시 어린 이파리들을 내보내면서 또 다른 봄을 맞고 있었다.

나는 우선 가톨릭회관의 지하 일층으로 내려가서, 오래 전 이곳에 커피숍이 있었더라면 동생과 몇 번은 만났음직한 '전광수 커피'에 들러 어머니가 좋아하시던 밀크티 한잔을 달지 않게 해달라하고 긴 테이블 한 쪽, 너무 밝아 보이는 전등과 조금 떨어진 자리에 앉았다. 명동을 한 시간은 걸어 다녀 볼 생각으로 차 없이 온 건 잘 한 것 같았다. 어떤 추억은 다시 기억하는데 시간이 좀 걸리기도 하니까.

— 2019년 4월

프로방스의 기억, 보라색 난초

프로방스의 5월 햇살은 눈부셨고, 호텔 마당까지 들어와 돌아나가는 강물도, 산 속 깊은 계곡과 호수도, 들판의 보라색 라벤더도 아름다웠다. 생 크루와 호수를 내려다보고 있는 언덕에 가득 핀 빨간 양귀비꽃은 온통 '고흐'였다. 그의 따뜻한 색(warm colors) 가득한 그림처럼 옐로그린과 옐로레드가 만들어내는 보색의 치명적인 아름다움을 나는 생전 처음으로 체험했다. 두 색을 섞으면 회색이 되는 보색을 각각 두어 대비시키면 그토록 아름다운 조화를 만드는 것이다. 내가 이텐[24]

24. 요하네스 이텐(Johannes Itten, 1888~1967) 『색채의 예술』(The Art of Color)의 저자, Bauhaus에서 폴 클레, 바실리 칸딘스키 등과 같이 교육을 담당했다

을 가르치지 않았다면 그건 그냥 초록이고 그냥 빨강이었을 뿐, 결코 알 수 없었을 그런 아름다움이었다.
낮 동안 태양이 작열할 때는 호텔을 받치고 있는 언덕 가득 원색만 보이더니 저녁녘이 되자 마당 곳곳에 보라색 난초가 무리지어 피어 있는 풍경이 눈에 들어왔다. 탁한 보라색의 파스텔 톤이 연출하는 분위기가 편안했다. 호스피스 실 파일장 위에 놓인 화분에서 줄기가 늘어져 내려오던 그 난초는 프로방스의 5월 태양이 뉘엿뉘엿 곡선을 그리고 있을 때, 보라색은 갈색 기가 돌았고, 볕에 탄 이파리 가장자리는 노랗게 부서지고 있었다.
어느 날 호스피스 팀의 조송자 선생님이 보라색에 집착(?)하는 내게 주려고 집에서 베이지색 화분 가득 심은 보라색 난초를 들고 오셨다. 지금 우리 집 발코니 한 쪽, 오후에 잠시 해가 드는 구석을 덮고 있는 보라색이 그 때 주신 화분에서 자라난 아이들이다. 꽃대가 길게 올라오면 끄트머리 잎사귀 사이에서 작은 분홍색 꽃이 계속 핀다. 꼭지에 다닥다닥 맺힌 꽃망울들이 한 번에 두 개 씩 터지기도 하나씩 터지기도 하면서 오래 꽃을 피운다. 가끔은 긴 이파리 가장자리마다 서너 개 씩 이슬방울이 달리는 바람에 화분들이 온통 작은 이슬방울로 가득해보일 때도 있다. 난초가 숱이 많아지면 사이사이 줄기를 잘라 새 화분에 꽂아 보라색을 늘인다.
빨강과 노랑 그리고 초록이 어우러진 내 꽃밭에 5월에 치자꽃이 피면 흰색으로 인해 원색들이 더 예뻐진다. 너무 맑고 너무 밝은 발코니 정원이 마치 예쁜 꽃들이 가득한 꽃시장처럼 너무 천편일률적이랄까 그런 느낌이 들었을 때 쯤, 몇 년 사이에 늘어난 보라색 난초 화분 다섯 개를 발코니 한 쪽에 모았더니, 이제 된 것 같다는 생각이 들었다. 그래서 올해는 반대쪽의 큰 화분 서너 개를 그냥 비워두고 있다. 해마다 이맘때면 발코니를 온통 푸른색으로 가득 채우던 푸른색 수국을 아직 들여오지 않았다. 동백꽃, 모란꽃이 져버린, 조금은 쓸쓸한 내 정원이 더 짙어진 보라색이 주는 우아함 때문에 내가 원하던 조화를 만들고 있어서이다. 이제야 내 발이 땅에 닿아있는 느낌이 든다고 할까. 보라색은 그런 색이다.

보라색 난초의 이름을 알고 싶었지만 호스피스실 봉사자 누구도 아는 이가 없어 내가 그냥 '보라색 난초'라 불렀다. 생 크루와 호텔 곳곳에 피어있던 보라색 난초를 그들은 뭐라 부르는지 잠시 궁금했지만, 초록 언덕에 가득 핀 빨간 양귀비꽃의 아름다움에 얼이 빠져, 그때는 낮은 채도의 화려하지 않은 보라색이 뒤로 밀렸다.

내가 좋아하는 보라색은 바이올렛에 검은색과 붉은색이 좀 더 들어간 퍼플에 가까운 색이다. 붉은색과 푸른색이 함께 들어있는 퍼플은 하느님과 인간의 중재를 담당한다는 의미로 주교님의 옷에 쓰는 색깔이기도 하다.

무거운 느낌의 퍼플은 여성에게 네이비에 버금가는 정장의 색상으로 예쁘기도 하다. 여성성(femininity)을 포기하지 않지만 색이 주는 파워는 네이비에 못지않다. 퍼플을 입고 회의에 들어가 소속팀의 프로젝트를 따낼 수 있다는 거다. 연보라가 주는 살짝 이기적이고 잘난 체하는, '같이 놀지 않겠다'는 느낌과는 사뭇 다른 짙은 보라, 퍼플의 색깔 이야기이다.

우리 집 보라색 난초는 내가 잘 키워서 호스피스실의 보라색보다 훨씬 채도가 낮고 짙은 색상이다. 그 보라색과 거의 같은 색, 같은 질감(?)의 린넨 정장이 있었는데, 특별한 날에만 입던 보라색 여름 정장을 난 참 좋아했다. 내 첫 색채 책에 우울할 때 퍼플을 입으면 빠져나올 생각이 없는 거라고 써놓고, 정작 나는 우울할 때 검정 다음으로 입는 색이 퍼플이다. 몸이 아플 정도가 아니라면 꼭 빠져나와야 하는 거라 생각하지 않기 때문이다. 어떻게 해도 모든 날이 다 맑고 밝을 수만은 없지 않은가?

정장을 입어야 하는 '공식적인 일'을 거의 마무리했을 때, 내 옷장의 대부분을 딸에게 이양했다. 딸이 입는 '클래식'이 아닌, '로맨틱' 스타일을 빼고 대부분 넘겨줬는데, 어느 날 갑자기, 보라색 린넨 정장을 마저 딸에게 주고 싶었다. 생각난 김에 오래 전 옷을 산 가게에서 한 사이즈를 줄여왔다. 바지정장을 좋아하는 딸은 "엄마가 좋아하는 옷인데~" 하면서 그 옷을 재킷은 검정 바지와 한두 번 입어주었다. 앞자락이 지퍼로 여며진 슬릿까지 들어간 미디 길이의 스커트는 입지 않았다.

딸은 늘 내게 임파워링(empowering) 하지 않는다고 말한다. 그래서 몸도 아픈 거라며 이젠 그렇게 혼자 모든 걸 다 하려고 힘 빼지 않아도 된다고 한다. 하더라도 대강했으면 좋겠다고도 한다. 맡길 수 있는 건 맡기고 좀 편하게 살라고, 그래서 잘못돼봐야 얼마나 잘못 되겠냐고, 아무 일도 일어나지 않는다고 한다.

그런데 나는 정작 맡기라는 건 못 맡기면서 이제 다시는 입을 일 없는 것처럼 정장을 다 주고, 그나마 정장 느낌이 나는 니트웨어 몇 벌 말고는 유일하게 남겨두었던 린넨 정장을 줄여다 주고 아쉬워한다. 늘 입는 스트라이프나 단색 정장과 달리 색상도 스타일도 '로맨틱' 쪽으로 좀 많이 넘어간다 싶은지 딸이 보라색 옷을 입지 않아서다.

보라색은 좋은데 스타일은 아니라는 딸의 분석이 맞다. '색은 타고나지만 스타일은 라이프 스타일'이라 강조해온 내 'How to Dress'(옷 입는 법)의 전문지식에도 불구하고 자식이 들어오면 이성을 잃는 건가?

내게 보라색은 보라색 난초면 됐다고 생각한 걸까?

— 2019년 5월

Some stay and some don't

In the course of our lives we get to know people who become friends, some stay forever and some unfortunately don't. Everything has its time and we learn from our mistakes.[25] (삶의 여정 속에서 우리는 사람들을 알게 되고 그들과 친구가 되지만, 어떤 친구는 영원히 남고 어떤 친구는 불행히도 그렇지 않다. 모든 것에는 그 시기가 있고 또 우리는 우리의 실수로부터 교훈을 얻는다.)

한 달 전부터 벼르더니, 친구가 "김장김치 다 먹었지?" 하며 정구지 김치가 달다고 조금 보내겠다고 감기 목소리로 전화를 했다. 젓국을 먹으면 손가락 관절이 붓는다고 말을 해도 친구는 멸치 젓 가득 넣은 김장김치와 기장멸치에 매운 고추를 켜켜로 넣

25. 2019년 ESCADA 모델, STEFANY GIESINGER 인터뷰 중에서

고 담은 젓갈 멸치를 보낸다. 친구가 멸치젓갈 넣은 김치를 '엄마김치'라 부르지만 정작 어머니는 김치에 멸치젓을 그렇게 많이 넣으시지 않았다. 보고싶다는 말 대신 '엄마김치 해서 밥먹자'고 하는 친구에게 넘어가는 척, 늘 동동거리며 다니던 바쁜 일들이 다 마무리된 요즘은 부산에 자주 간다. 친구가 보내는 잘 익은 젓갈 멸치 살을 바르고 멸치보다 더 젓갈 범벅인 매운 고추를 가위로 잘게 잘라 갓 지은 흰밥에 얹어 서너 끼를 연거푸 먹고나서 나는 아침에 일어나면 손가락을 살핀다.

여고시절, 친구는 창백한 얼굴과 뺨의 홍조가 참 특별했다. 입술은 너무 빨개서 뭘 바른 것 같았다. 후에 『남과 여』라는 프랑스 영화가 들어왔을 때는 아는 사람들이 친구가 아누크 에메를 닮았다고들 했다.

그 친구한테서는 늘 장미향 같기도 하고 옥잠화 향 같기도 한, 가슴 속으로 단번에 들어오는 그런 향이 났다. 이국적으로 생긴 외모와 교복 위로 드러나던 유독 가는 허리 때문에 그 때 우리가 좋아하던 『바람과 함께 사라지다』의 스칼렛 오하라 같다고도 했다. 외국사람 같은 그 모습과 어울리지 않게 바닷가 마을에 사는 기차통학생이던 친구는 학교가 늦게 끝나서 기차를 놓치면 우리 집에 와서 자고 아침에 같이 학교에 갔다. 어머니는 붙임성 있고 싹싹한 친구를 좋아하셨다. 많은 사람을 만나는 보석을 다루는 일을 하던 친구에게, 타고난 친화력이 좋은 자산이었을 거라는 생각을 할 때가 있다. 우리는 장난으로, 갈비집을 했으면 부산 돈은 다 끌어모았을 거라 한다.

바닷가 친구네 집에서 『갯마을』이라는 영화를 찍었다고 했던 기억이 난다. 영어공부를 같이 하던 우리 몇이 여름이면 바닷가 친구네 집으로 피서(?)를 가서 밤 바닷가 모래사장에 드러누워 별을 보며 새벽까지 참 많은 이야기들을 했다.

폐가 나빴던 친구가 학교를 쉬는 바람에 같이 졸업을 못했다. 나보다 늦게 졸업을 하고 대학입학은 더 늦게 했다. 결혼 후 만나지 못하다가 남편이 진주에 있는 대학에 가 있는 동안, 주소를 어떻게 알았는지, "참석 안하면 결혼식 안 한다"라는 이상한 청첩장을 보내와서 친구의 결혼식에 참석했고, 우린 다시 만났다. 자주는 아니어도 내가 아버지한테 갈 때 가끔 만나면서 끊어질 뻔 했던 우리 관계는 다시 이어졌다.

얼마 전 부산 갔을 때, 친구는 어릴 때 이야기를 하다가 가슴이 나빠진 게 초등학교 때 피구를 하면서 공을 너무 많이 받아 그렇게 된 것 같다고 했다. 그런데 그 말을 듣는 순간, 갑자기 소름이 돋으면서, 오래 전 어린 시절 기억이 떠올랐다. 친구가 바로 그 아이였다.

초등학교에 다닐 때, 몸이 약해 운동선수는커녕 하교시간이 늦어 밖이 어둑해지면 부모님 중 한 분이 학교에 오셔서 교실 밖을 서성이며 기다리시곤 했다. 그래도 열 살이 넘으면서는 반에서 제일 작지는 않았던 것 같은데, 그때도 늘 힘이 없어 책가방이 무거웠던 기억은 난다. 초등학교 4학년 때였던 것 같은데, '초등학생 피구시합'인지 뭐 그런 운동시합에 우리학교가 결승에 올라, 버스를 대절해서 선생님이 선수들을 데리고 일광국민학교에 가면서 나도 데리고 가셨다. 선수도 아닌 나는 아이들이 시합을 하는 동안 응원을 하고 있는 그 학교 학생들 사이에 같이 있었다. 일광학교가 많은 점수 차로 우리 학교를 이기고 있었는데, 그 학교 선수 중에 한 여자아이가 펄펄 날면서 우리 학교 선수들이 넘기는 모든 공을 가슴으로 주먹으로 다 받아내고 있었다. 혼자 이리 뛰고 저리 뛰던 그 아이가 내 친구 이정임이라는 걸 알게 된 건 그로부터 무려 육십 년 후인 불과 두어 달 전이다.

초등학교에 다닐 때만 해도 나는 몸이 많이 약했다. 어머니는 자주, 내가 태어난 지 얼마 되지 않아 백일기침을 몹시 해서 걸핏하면 숨이 넘어가곤 했다는 말씀을 하셨다. 어느 때는 오래 숨이 간 어린 자식이 이젠 정말 죽은 줄 알고 포대기에 싸서 윗목에 밀어두고 통곡을 하고 있었는데, 한참을 울다보니 숨이 돌아와서 꼼지락거리고 있었다고도 하셨다. 그래서 돌이 될 때까지 귀하다는 건 다 구해다 먹였던 것 같았다.

왜 꼭 할아버지가 안고 먹이셨는지 알 수 없지만, 어머니는, 늘 할아버지께서 무릎에 안고 앉아 한 팔로 아이 머리를 바치고 돼지 애저를 삶은 국물에, 산토끼를 고은 국물을 떠먹이기도 하셨다고 했다. 저도 살려고 입에 넣어주는 건 다 받아먹었던 모양이다. 자라는 동안, 약한 아이를 살려보려고 좋다는 건, 별 이상한 것도 다 구해다 먹이며 온갖 정성을 다하셨던 것 같다.

고향 청도에서 꿀을 가져오면 할머니께서 숟가락으로 떠서 높이 들고 조금 씩 떨어뜨리며 성냥을 그어 불을 붙여보고 샀다는 토종꿀이며, 삼(蔘)도 많이 먹여서 내가 추위를 잘 안타는 거라고도 했다. 그래서인지 작고 약했지만 약을 잘못 먹어 죽을 뻔했던 것 말고는 어릴 때처럼 죽기 직전까지 간 기억은 없다. 운동신경 좋은 동생과는 비교가 안 되지만 달리기도 곧 잘해서 선생님이 이어달리기 중간 쯤 주자로 끼워주기도 했고 고등학교 때 시작한 테니스도 꽤 오래 했다.

그러나 추위를 안타는 정도는 아니다. 어릴 때 먹었다고 하셨던 생각이 나서 식구가 며칠 집을 비우게 되어 조금 남은 달여 둔 삼 딱 한 잔을 홀짝홀짝 마셨다가 열이 머리로 올라가서 죽을 뻔했다. 우리가 만난 유일한 명의인 최약국 어르신은 내게 '당신은 삼을 먹으면 죽는다'고 하며 그 밤중에 소뼈를 사다 고아먹게 해서 삼 성분을 중화시켜 나를 살렸다.

삼이 살렸다는 어머니 말씀이 틀렸다고 하긴 그래서, 가끔 삼을 작은 몸뚱이에 꼴깍 넘치게 먹여서 이젠 삼이 한 뿌리만 들어가도 죽을 고비에 이르는 건지도 모른다고 생각할 때도 있다. 토종꿀은 그 향과 맛을 좋아하지만 쌍화차를 달일 때 조금 넣거나 하지 꿀을 그냥 먹진 않는다. 대신 지금은 관절을 달래느라 프로폴리스를 손가락에 칠갑을 하고 있다.

고등학교 때 만나서 몇 십 년을 친구로 지낸 후에, 얼마 전, 친구를 부산역에서 만나 같이 해운대 호텔로 가면서 "피구 때문에 가슴을 다쳤던 것 같다"는 이야기를 듣고야 친구가 그 아이였다는 걸 알게 되었다. 4학년이라고 해봐야 열한 살 어린아이인데 피구 연습을 시키면서, 잘 받아낸다고 하루에 공을 이백 개 씩 가슴으로 받게 한 체육 선생님은 도대체 어떤 사람이었을까? 육십 년 전 내 삶 속으로 일찍도 들어온, 펄펄 날던 그 애가 지금 내 옆에 친구로 남아 있다. 아마 아직 얼마간은 더, 우리는 서로에게 친구로 남을 것이다.
어린 시절의 자기를 만난 기억을 잊고 있던 내게, 친구는 가슴을 다치게 했던 피구 이야기로 내가 그를 처음 본 기억을 일깨워주었다. 그날, 운동장의 어린 '스타 플레이어'였던 친구가 응원단 속에 있던 키 작은 나를 봤을 리 없고, '그토록 어린 자기'가 그 때 내 삶 속으로 들어왔다는 걸 몰랐을 것이다. 몰랐던 건 나도 마찬가지다. 우리가 다시 만난 건 같은 고등학교에 입학해서 같은 반이 되었을 때였지만, 그 후에도 오래, 우리는 그때 여고시절에 우리의 인연이 시작된 줄 알았다. 오랜 세월이 지난 후에야 나는 우리의 인연이 60 년 전에 시작되었음을 알게 되었다.

번번이 먹을거리들 보내는 거 힘들다고, 보내준 젓국으로 부추김치 담아서 먹겠다고 했더니, 부추김치가 왜 담기 어려운지를 장황하게 설명하면서 아픈 손으로 하지 말라며 친구가 보낸 눈물 나는 톡이다. 그 때는 친구가 정말 많이 힘들었던 것 같다.

내가 결혼하고 나서 할아버지가 부추농장 하신 덕에 일 년 내내 그 김치 먹고 폐병이 나은 거야. 애 땜에 약도 못 먹고 돈이 없어 우유도 못 사 먹일 정도로 힘들 때, 식구 여섯이서 맨날 부추김치, 상추, 미역귀달이만 먹고 살았거든. 그런데 애 키워놓고 병원 갔더니 다 나았더라. 부추가 나에게 특별했던가 봐.

정병규 대표에게 수필집 파일을 보낸 지 두 달이 지났다. 덕분에 친구의 '정구지 김치 이야기'로 책을 마무리할 수 있어 다행이다. 오래 사랑했지만 내 마음에서 떠나보낸 친구 이야기는 하고 싶지 않다.

— 2019년 4월

추천사

박경화의 수필세계, 마음 따뜻하게 하는 한의 승화

오경자
수필가, 국제 PEN 한국본부 부이사장, 한국수필문학가협회 회장

어머니는 누구에게나 그리움의 원천이기 마련이지만 박경화라는 수필가에게 있어 어머니는 그리움 그 이상의 아픔의 원천이다. 그의 수필은 어머니를 떠나서 존재할 수 없고 그 아픔은 치유불능의 상태로 그에게 체화되어있다. 다만 그 지독한 아픔을 무심한 듯 써 내려가는 천연덕스러울 정도의 필치가 얄미울 정도의 경지에 이르러 있다. 찰스 램을 따라가는 것 같기도 하고 피천득의 세계 같기도 하나 전혀 다른 박경화의 세계로 안내한다.

박경화의 수필은 따뜻하고 편안하다. 한을 풀어가는데도 마음이 칼끝 같아지는 것이 아니라 함께 따라가는 동안 그 포용과 녹임에 함께 섞여 어느새 가슴이 따뜻해지는 마력을 지니고 있다. 그의 주제는 인간에 대한 사랑이 큰 줄기를 이루고 있다. 또한 한을 부여안고 못견뎌하는 것 같지만 가만히 들여다보면 그는 이미 그것을 뛰어넘어 무한한 휴식을 전하고 있다.

박경화의 수필에서 편안한 마음으로 유년을 돌아보고 골목길도 거닐어보는 재미를 맛 볼 수 있으리라 확신하며 일독을 권하는 바이다.

2019년 4월 1일

다른 과거를 위하여

초판 1쇄 인쇄일 2019년 7월 15일
초판 1쇄 발행일 2019년 7월 20일
지은이 박경화
펴낸이 강병욱
펴낸곳 교음사

주소 서울시 종로구 삼일대로 457 수운회관 1308호
전화 02-737-7081
팩스 02-739-7879
이메일 gyoeum@daum.net

ISBN 987-89-7814-752-1

등록번호 제 300-2007-52호
정가 12,000원

북디자인 정병규디자인, 고경빈